Hans-Joachim Winkler • Was einem so in den Sinn kommt

Hans-Joachim Winkler

Was einem so in den Sinn kommt

in Reime gesetzt

AUGUST VON GOETHE LITERATURVERLAG

IM GROSSEN HIRSCHGRABEN ZU FRANKFURT A/M

Das Programm des Verlages widmet sich
– in Erinnerung an die
Zusammenarbeit Heinrich Heines
und Annette von Droste-Hülshoffs
mit der Herausgeberin Elise von Hohenhausen –
der Literatur neuer Autoren.
Das Lektorat nimmt daher Manuskripte an,
um deren Einsendung das gebildete Publikum
gebeten wird.

©2007 AUGUST VON GOETHE LITERATURVERLAG FRANKFURT AM MAIN
Ein Imprintverlag des Frankfurter Literaturverlags GmbH
Ein Unternehmen der Holding
FRANKFURTER VERLAGSGRUPPE
AKTIENGESELLSCHAFT AUGUST VON GOETHE
In der Straße des Goethehauses/Großer Hirschgraben 15
D-60311 Frankfurt a/M
Tel. 069-40-894-0 ✳ Fax 069-40-894-194
email: info@frankfurter-literaturverlag.de

Medien und Buchverlage
DR. VON HÄNSEL-HOHENHAUSEN
seit 1987

Websites der Verlagshäuser der Frankfurter Verlagsgruppe:

www.frankfurter-literaturverlag.de
www.august-goethe-literaturverlag.de
www.fouque-literaturverlag.de
www.weimarer-schillerpresse.de
www.frankfurter-taschenbuchverlag.de
www.deutsche-hochschulschriften.de
www.deutsche-bibliothek-der-wissenschaften.de
www.haensel-hohenhausen.de

www.frankfurter-verlagsgruppe.de

Bibliografische Information Der Deutschen Bibliothek
Die Deutsche Bibliothek verzeichnet diese Publikation in der Deutschen
Nationalbibliografie; detaillierte bibliografische Daten sind im Internet
über http://dnb.ddb.de abrufbar.

Satz und Lektorat: Heike Margarete Worm
Zeichnungen von Ilse Mangels
ISBN 978-3-86548-893-0
ISBN 978-1-84698-403-7

Die Autoren des Verlags unterstützen das Albert-Schweitzer-Kinderdorf in Hessen e.V.,
das verlassenen Kindern ein Zuhause gibt.
Wenn Sie sich als Leser an dieser Förderung beteiligen möchten, überweisen Sie bitte
einen – auch gern geringen – Beitrag an die Sparkasse Hanau, Kto. 19380, BLZ 506 500 23,
mit dem Stichwort „Literatur verbindet". Die Autoren und der Verlag danken Ihnen dafür!

Printed in Germany

Die Gedichte entstanden – zumindest im Rohbau –
bei Spaziergängen mit Asko.

Menschliches und Skurriles

Askese

Es war des Pastors fromm Bestreben,
die Bibelbotschaft zu verbreiten,
damit man sollt' im Glauben leben,
in guten und in schlechten Zeiten.

Und wo es nötig ihm erschien,
seelsorgerlich mal beizustehen,
war es sein redliches Bemühn,
stets auf die Menschen einzugehen.

Zu einem Manne man ihn rief,
der lag im Bett, war sehr malad,
und außerdem noch depressiv.
Der Pastor aber wusste Rat.

Um ihn ein wenig aufzurichten,
schenkt er ein Buch ihm, hübsch gebunden,
mit heitren Wilhelm-Busch-Geschichten,
damit's ihm helfe zu gesunden.

Beim nächsten Krankenbettbesuch
erfragt der Pastor den Patiente,
wie ihm gefallen denn das Buch,
ob er ihm das mal sagen könnte?

Der Kranke druckst herum verlegen,
als ob ihm das sehr peinlich wär'.
Wie manche das hinwieder pflegen,
wenn sie sich dünken im Verhör.

„Herr Pastor", fährt er schließlich fort,
„das Buch, das Sie mir mitgebracht,
wüsst' ich nicht, es ist Gottes Wort,
ich hätt' mich schier kaputt gelacht."

Die Bühnenpanne

Auf Brettern, die die Welt bedeuten,
da gibt es hin und wieder Pleiten.
Die werden, wie sich das gebührt,
vorm Publikum dann stets kaschiert.
Vergisst das Stichwort der Akteur,
dann hilft zumeist noch der Souffleur.
Jedoch der schrecklichste der Schrecken:
Wenn einmal bleibt die Handlung stecken,
weil in der Technik etwas klemmt
und jeden weitren Fortgang hemmt.
Um auf der Stelle nicht zu treten,
ist Geistesgegenwart vonnöten.
Da wird schon mal aus der Tragödie
ganz ungewollt eine Komödie.
In einem Drama hat der Held
endlich den Bösewicht gestellt.
Er zielt auf ihn mit der Pistole,
damit den Kerl der Teufel hole.
Doch ach, als er den Abzug drückt,
das Ding jetzt nur ganz leise klickt.
Weil ausbleibt nun der laute Knall,
kommt auch der Gegner nicht zu Fall.
Doch unser Held verzaget nicht
und schreit dem Gegner ins Gesicht:
„Dich zu erschießen wär' ne Gnade;
die Kugel ist für dich zu schade."
Und gibt, wie dessen Stand gemäß,
ihm einen Tritt in das Gesäß.

Und der hat auch sofort kapiert,
was unser Held improvisiert.
Dreimal im Kreis herum er driftet
und schreit: „*Der* Stiefel war vergiftet.
O weh, mir nun das Ende droht."
Fällt um, und stirbt den Bühnentod.

Er weiß Bescheid

Bei Kindern stößt die Pädagogik,
mit der man will den Nachwuchs leiten,
auf deren ganz spezielle Logik.
Und das führt oft zu Schwierigkeiten.

So hat der kleine Fritz mal wieder
begangen eine Missetat,
indem des Nachbarn Sohn, den Frieder,
mit Steinen er beworfen hat.

Und weil der Fritz so gut gezielt,
hat Friedern er am Kopf getroffen
und hat ihm übel mitgespielt;
ein wenig Blut ist auch geloffen.

Gering der Schaden, denn gar schnell
ward Heftpflaster darauf gelegt.
Doch Mutter sah sich prinzipiell
zu ernster Mahnung angeregt.

Da gab's 'nen längeren Disput.
Der kleine Kerl hat sich gewehrt.
Und lauthals hat der Tunichtgut
doch sehr entrüstet aufbegehrt.

Der Frieder, dieser Bösewicht,
begann mit der Steinschmeißerei,
und beinah hätt' er mich erwischt,
jedoch der Stein, er flog vorbei.

Ich aber habe ganz genau
gezielt, und somit ist doch klar,
weil er so plötzlich schrie: „Au, au!",
dass ich der bessre Werfer war.

Ach, Fritz, wie oft schon riet ich dir,
liegst du mit jemand mal in Streit,
dann komm' vertrauensvoll zu mir;
zur Hilfe bin ich gern bereit.

Drauf Fritz: „*Du* willst 'ne Hilfe sein,
o Mutter, muss ich doch mal fragen?
Du triffst ja doch mit einem Stein
nicht einmal einen Möbelwagen."

Peinlich

Alldieweil der Mensch vergesslich,
ist es manchmal unerlässlich,
dass er sich Notizen mache.
Doch ist's damit so 'ne Sache.
Denn bald fragt er sich beklommen:
Wo sind die bloß hingekommen?

Keine Liebe unter den Menschen

Ganoven-Ede und Stemmeisen-Klaus
sind wieder einmal auf Einbruchstour aus.
Sie haben baldowert ein vornehm' Gebäude.
Denn trotz Geistesbeschränktheit wissen doch beide:
In so einem Haus wohnen reiche Leute,
und da verspricht man sich fette Beute.
Doch wie sie auch stemmen, die beiden Genossen,
das Haus ist gesichert und bleibt fest verschlossen.
Da klagt der Ede: „Das ist doch gemein,
wie kann ein Mensch nur so misstrauisch sein!
Man kann heutzutage auf Liebe nicht bauen,
wenn die Menschen nicht untereinander vertrauen."

Missverständnis

Ein Mensch, der bisher unbescholten,
ward dennoch vors Gericht beordert.
Weil die Verleumder es so wollten,
ward Rechenschaft von ihm gefordert.

Er habe, so hört er die Klage,
zwei Mädchen, die noch jung an Jahren,
verführt, und es sei keine Frage,
das fordere ein Strafverfahren.

Zu Recht nun fand der Mann es gräulich,
dass man ihm solches wollt' andichten,
und schwor bei allem, was ihm heilig:
„Herr Richter, das tat ich mitnichten."

„Mit *Nichten,* also mit Verwandten,
solch Schandtat ja tief blicken lässt –
was Sie soeben da bekannten,
das war zudem auch noch Inzest."

Mancher hat's in den Beinen

Jeder, der den Bimbo kennt,
ist fasziniert von dem Talent,
mit dem er sich verdient sein Geld,
denn Bimbo ist ein Fußballheld.
Ob links, ob rechts, mit seinen Füßen,
da kann der Bimbo Tore schießen.
Manch Tor er auch per Kopf erzielt,
wenn ihm der Ball hoch zugespielt.
Doch ist das auch die einz'ge Weise,
wozu ihm dient sein Hirngehäuse.
Denn Bimbos Können und die Liebe
beschränken sich aufs Ballgeschiebe.
Beim Feilschen mit den Fußball-Bossen
hat er ein Eigentor geschossen.
Zwar war man einig sich alsbald,
soweit es ging ums Grundgehalt.
Von Eintrittsgeldern in den Kassen
wollt' man ein Fünftel ihm belassen.
„Zu wenig", sagt der Bimbo, „nein,
mindest' ein Zehntel müsst' es sein."

Ein Gemütsmensch

Bei strömendem Regen auf glitschnasser Straße
schlängelt unsicher ein Auto daher.
Ganz fröhlich am Lenkrad der Insasse
fährt kreuz und quer durch den
Straßenverkehr.

Ein Polizist, der dies wahrgenommen,
denkt, dieser Mann ist ja wohl betrunken.
Und dieserhalb ist er herbeigekommen
und hat den Fahrer zur Seite gewunken.

„Sagen Sie mal", fragt er ahnungsvoll,
„erklären Sie mir, was ist los mit Ihnen?
Betranken Sie sich etwa mit Alkohol,
dass Sie hier kutschieren in Serpentinen?

Doch halt, Mann, sind Sie denn noch gescheit?
Nein, Sie tranken nicht, des' bin ich mir nun sicher.
Jetzt erkenn' ich den Grund der Verkehrswidrigkeit:
Dem Wagen fehlen die Scheibenwischer.

Beim Regen sind die doch lebenswichtig.
Drum dürfen Sie jetzt nicht weiterfahren,
denn ich verwarn' Sie gebührenpflichtig
und meld' Sie nach Flensburg für solches Gebaren."

„Ich kann", sagt der Mann, „zu Fuß jetzt nicht gehen,
das wär' zu gefährlich auf nassen Gassen.
Auch mit Scheibenwischer könnt' ich nicht sehen.
Ich hab meine Brille zu Hause gelassen."

Er hat gute Gründe

Ein Junge steht vorm Scheidungsrichter.
Wohlwollend zu dem Kleinen spricht der:
„Da deine Eltern, liebes Kind,
in Kürze ja geschieden sind,
musst du dich leider auch entscheiden,
zu wem du möchtest von den beiden.
So wie du's willst, soll es geschehen.
Willst du zu deiner Mutter gehen?"
Der Knirps wehrt ab: „Nein, nie und nimmer,
denn meine Mutter schlägt mich immer."
Der Richter drauf: „Das seh' ich ein,
du willst also beim Vater sein?"
Und abermals wird abgewehrt:
„Herr Richter, nein, das wär' verkehrt,
denn auch mein Vater, muss ich sagen,
hat mich bisher schon oft geschlagen."
Da fragt der Richter ratlos nun:
„Mein liebes Kind, was soll'n wir tun?
Wo möchtest du denn gerne hin?
Zu irgendjemand musst du zieh'n."
„Ich will", ruft er mit voller Kraft,
„zur Fußball-Nationalmannschaft."
Der Richter drauf: „O jemine!
Wie kommst du denn auf die Idee?"
Da tut der Bub dem Richter kund,
er habe dazu guten Grund.
Von seinem Opa er oft hör',
die schlügen wirklich keinen mehr.

(anlässlich der Europameisterschaft 2004)

Der unverwüstliche Skatspieler

Drei Männer sind mit viel Vergnügen
– dieweil sie ja naturverbunden –
auf einen Berg hinaufgestiegen,
wo sie 'nen schmalen Platz gefunden.

Dort sind sie dann sogleich bereit,
– Schweißtropfen zwar vom Haupt noch rinnen –
in dieser Gipfeleinsamkeit
ein munt'res Skatspiel zu beginnen.

Und alsobald ist nun zu hören,
in Bergwelt- Stille ringsumher,
wie raue Männerstimmen stören
mit achtzehn, zwanzig, Null ouvert.

Als Schmidt gewinnt 'nen Grand mit Vieren,
da haut es doch den Meier um.
Er tut den sichren Halt verlieren
und stürzt vom Felsen ab, saudumm!

Zwei Männer in die Tiefe spähen
mit schreckensbleichem Angesicht,
ob sie vom Meier etwas sähen.
Ein Felsvorsprung versperrt die Sicht.

Dann rufen sie mit lauten Tönen:
„He, Meier, sind Sie denn am Leben?"
Da kommt von unten her ein Stöhnen:
„Nein, nein, der Müller ist am Geben."

Verdi fortissimo

Ich muss an den Geburtstag denken,
fällt einem Mann rechtzeitig ein.
Was soll ich bloß dem Freunde schenken?
Was Anspruchsvolles müsst' es sein.

Da kommt ihm schließlich die Idee,
weil doch der Freund liebt die Musik,
da schenk' ich ihm eine CD,
die gibt's in der Geschenkboutique.

Gedacht, getan, am Tage drauf,
sie zu besorgen ohn' Verdruss,
sucht er so einen Laden auf,
wo es CDs ja geben muss.

Dort sieht CDs er mit Musik,
mit Dramen und Komödien,
mit Reden aus der Politik
und was man liest in Medien.

Drum fragt das Fräulein er: „Ich seh',
hier gibt's ein großes Sortiment,
ob ich da wohl auch 'ne CD
von Verdi haben könnt'?

Ich suche nämlich für den Freund
etwas ganz Anspruchsvolles."
„O ja", drauf die Verkäuf'rin meint,
„da hätten wir hier ganz was Tolles."

„O. k., dann packen Sie's mir ein,
am besten in Geschenkpapier.
Es wird ja schon das Richt'ge sein.
Ich hoff', dem Freund macht es Pläsir."

Der schaltet ein, erwartungsfroh.
Jedoch, was da zu hören ist,
ist Verdi in fortissimo,
doch nicht der Opernkomponist.

„Wir haben Anspruch", jemand schreit
mit höchstem Funktionärsgetöne,
„auf eine kürz're Arbeitszeit,
und auch auf höh're Löhne."

Wie der da auf die Pauke haut,
erfüllt den Freund mit argem Groll.
Meist ist im Unrecht, wer so laut,
und außerdem zu anspruchvoll.

Geduld hat Grenzen

Bei einem Bäcker hatte stet
der Kundenwunsch Priorität.
Er schien selbst dann nicht überfordert,
wenn jemand mal Skurriles ordert.
Ein Kunde kam mit der Idee,
er wünsche sich ein schönes B,
'ne Letter knusprig, innen weich,
aus allerbestem Blätterteig.
Der Bäcker sprach: „Ich werd's besorgen,
Sie können es sich holen morgen."
Als der tags drauf das Kunstwerk sichtet,
fühlt er zum Kauf sich nicht verpflichtet
und kritisiert: „Wie ich hier seh',
ist das ja doch ein hartes P.
Ich aber habe, lieber Freund,
bestimmt ein weiches B gemeint."
„Na gut, dann backe ich noch mal
ein weiches B-Initial."
Am Tag drauf ruft der Mann: „O weh,
das ist ja ein gedrucktes B.
Ich sag noch einmal, was ich will:
Ich will ein B, kursiv im Stil."
Das tut den Bäcker irritieren.
Dennoch will er's erneut probieren.
Am nächsten Tag erscheint der Kunde
wie stets zur vorgesehnen Stunde
und ist schon wieder mal enttäuscht,
als man das B ihm überreicht.
„Nein, Meister, so wollt' ich's nicht haben.
Sie backen ja in Großbuchstaben.

24

Ich brauche aber allsogleich
ein kleines B aus Blätterteig."
Wenn man den Bogen überspannt,
bleibt oft der Mensch nicht mehr kulant.
Doch unser Bäcker hat Manieren,
versprach's, letztmals zu korrigieren
und hat dann schließlich über Nacht
das schwere Werk zu End' gebracht.
Und triumphierend in die Höh'
hält er ein kleines weiches B.
Der Kunde, voll Zufriedenheit,
ist jetzt zur Zahlung auch bereit.
Der Bäcker sagt: „Ich pack's gleich ein."
Da wehrt der Kunde ab: „O nein."
Erstaunt muss nun der Bäcker hören:
„Ich will's ja doch gleich hier verzehren."

Im Tagblatt las man nach zwei Tagen:
Vom Bäcker ward ein Mann erschlagen.

Der übermythische Pegasus und der erfolglose Poet

Er sinnet seit geraumer Frist
und ist bemüht zu dichten.
Er hofft, dass ihn die Muse küsst,
doch die erscheint mitnichten.

Sein Sehnen gilt der Thalia,
denn er liebt die Komödie.
Ach, dann ist Melpomene da.
Und die sorgt für Tragödie.

Geflügelt wartet Pegasus
auf den Poet als Reiter.
Doch ohne der Thalia Kuss
kommt der leider nicht weiter.

Er klagt: „Es ist nicht meine Schuld,
oh Pegi, dass du müßig bist.
Ich warte hier voll Ungeduld.
Du weißt, ich reit' nicht ungeküsst."

Da meint das Ross voll Übermut:
„Ist das dein einziger Verdruss?
Da bin ich für Abhilfe gut."
Und gibt ihm einen Pferdekuss.

So wie einst der Belerophon
geärgert ward vom Pegasus,
so humpelt der Poet davon
mit Oberschenkelbluterguss.

Zeustöchter haben ihre Macken.
Sie ließen den Poet im Stich.
Und Pegasus, mit Schalk im Nacken,
tat, was nun wirklich ärgerlich.

Ach, der Poet blieb unbekränzt.
Nix war's mit seiner Poesie.
Es ist nicht alles Gold, was glänzt,
in griechischer Mythologie.

Da war doch was?

Mit sechzig, siebzig, achtzig Lenzen
sucht man Seniorenresidenzen,
damit die Frau und jeder Mann
im Alter noch aktiv sein kann.
Man wählt sich aus, wohin man gehe;
z. B. Bad Homburg vor der Höhe.
Dort sitzt ein Mensch und denket nach,
denn jetzt plagt ihn ein Ungemach.
Er meint mit Sicherheit zu wissen,
heut' was erledigen zu müssen.
Doch was es war, hat er indessen
nun leider doch total vergessen.
Er klopft sich mehrfach an die Stirn,
um anzuregen das Gehirn,
damit ihm endlich wieder schwant,
was er für diesen Tag geplant.
Hat ich für heute vorgesehen,
mal schnell zum Postamt hin zu gehen?
Wollt ich mit Frau von G. parlieren?
Mit jemandem telefonieren?
Wollt' ich – es wär' ja nicht verkehrt –
vielleicht zu einem Kurkonzert?
Gibt's heute eine Bridge-Partie?
Ach Quatsch, denn die vergess' ich nie.
Er grübelt hin, er grübelt her,
weil ihm Versäumtes peinlich wär'.
Ob er sich ärgert gelb und grün,
es ist vergebliches Bemüh'n.
Der Tag verstreicht. Am Abend spät,
als er frustriert zu Bette geht,

sieht er 'nen Zettel an der Wand,
wo ein Termin geschrieben stand.
Heut' wär', ist schwarz auf weiß zu lesen,
Gedächtnistraining doch gewesen.

Er hat's nötig

Der Meier marschiert auf und ab und sinniert:
Da war doch für heut' irgendwas terminiert.
Es fällt mir doch jetzt partout nicht mehr ein,
was mag das denn bloß gewesen sein?
Wollt' ich vielleicht in der Stadt was besorgen?
Oder war's gar nicht heute, sondern erst morgen?
Ich machte ins Taschentuch mir einen Knoten,
obwohl meine Frau mir das immer verboten.
Ich mach ihn ja nur bei Besonderheiten.
Doch verflixt noch einmal, was soll er bedeuten?
Der Meier grübelt und kratzt sich im Haar,
das auch mit der Zeit immer spärlicher war.
Es fällt ihm nichts ein, und die Stunden verrinnen.
Es hilft nichts; er kann sich nicht mehr drauf
besinnen.
Und als er schließlich zu Bette will gehen,
da muss er noch mal aufs Kalenderblatt sehen.
Fast trifft ihn der Schlag, denn da stand zu lesen:
Heut' wäre Gedächtnistraining gewesen.

Die Seuche

Seit Menschengedenken gab es viele Seuchen,
in Dorf und Stadt häuften sich dann die Leichen.
Jedoch durch die menschliche Geisteskraft
wurde die Pestilenz abgeschafft.
Mit strengen Gesetzen hat man sie verbannt:
Hau ab, oder such' dir ein anderes Land.
Pasteurella Pestis irrt nun umher,
denn bei uns findet sie keine Abnehmer mehr.
Von den alten Seuchen tat man gesunden,
doch nun hat 'ne neue sich eingefunden.
Man kann sie nicht heilen mit Salben und Pillen,
denn sie ist keine Folge von bösen Bazillen.
Man nennt sie nicht Cholera, nicht Diphteritis.
Sie heißt schlicht und einfach *Telefonitis*.
Kaum dass die Kinder den Windeln entkommen,
wird der Telefonhörer ins Händchen genommen.
Noch erfreut es die Oma, im Büro den Papa,
von den Kleinen zu hören das Blabla, Blabla.
Auch wenn es die Alten hier noch delektiert,
für Wichtiges ist nun die Leitung blockiert.
Im zarten Alter wird also ganz früh
der Keim eingepflanzt für die Epidemie.
Das Kind kommt zur Schule, und ganz ohne Frage
wird das Telefon nunmehr zur Nachmittagsplage.
Denn Aufgaben macht man jetzt nicht mehr allein,
telefonisch verbunden macht man sie zu zwei'n.
Nun sind die Eltern doch sehr irritiert,
denn stundenlang ist jetzt die Leitung blockiert.
Die Seuche verschlimmert sich immer mehr,
denn die Kinder werden ja bald pubertär.

Ob nun der Freund weit entfernt oder nah,
von frühmorgens bis nachts geht es Blabla, Blabla.
An der Rechnung der Post wird mit Schreck
offenbar:
Dem Familien-Budget droht jetzt ernste Gefahr.
Man könnte zumindest mal kürzer sich fassen,
doch da würde sich niemand belehren lassen.
In jedem Alter wird ganz ungerührt
und rücksichtslos die Leitung blockiert.
Zum Diebstahl sogar ist so mancher bereit,
denn häufig stiehlt er dem andern die Zeit.
Vorm Telefonhäuschen harrend sieht ein Mann mit
Entsetzen
da drinnen jemanden stundenlang schwätzen.
Wenn der sich dann endlich entschließet zum
Tschüss,
ist der Schluss des Palavers noch lang nicht gewiss.
Denn wen immer die Telefonitis tut plagen,
wird tschüss noch mindestens zwanzigmal sagen.
Und nachdem nun auch noch das Handy erfunden,
kann erst recht keiner mehr von der Seuche
gesunden.
Ja, wird denn die Menschheit total noch verblöden?
Jederzeit, allerorts kann Blabla sie jetzt reden.
Ich glaub', Graham Bell und der Philipp Reis
rotieren im Grabe jetzt zornig im Kreis.
Denn das hatten die beiden wohl doch nicht geplant,
dass aus ihrer Erfindung 'ne Seuche entstand.
Das Telefon – niemand wird das je bestreiten –
ist wichtig und nützlich für Notwendigkeiten.
Wie so manches könnt' es dem Menschen wohl nützen.
Vor dem Missbrauch jedoch kann ihn niemand
beschützen.

Wie du mir, so ich dir

Vorm Amtsgericht ein Sünder steht,
weil er angeblich ohne Grund
beging eine Frivolität,
denn er erschlug des Nachbarn Hund.

Der Richter spricht: „Ich muss Sie fragen,
stimmt es, wenn ja, erklär'n Sie mir,
– Sie müssen jetzt die Wahrheit sagen –
wie und warum verstarb das Tier?"

„Ich geb' es zu, ja, es ist richtig,
was in der Klageschrift zu lesen.
Der Tatumstand jedoch ist wichtig,
drum sag' ich jetzt, wie es gewesen.

Im Hof, der hinterm Hause ist,
hab ich ganz friedlich Holz gehackt,
von hinten kam heran das Biest
und hat mich ins Gesäß gezwackt.

Was heißt *gezwackt*, es hat gebissen
mit seinen Zähnen scharf und spitz.
Die Hose hat mir's auch zerrissen;
Schmerz spür' ich heut' noch, wenn ich sitz'.

Ich hab mich schleunigst umgekehrt
und wollt' den Hund vom Hof verjagen.
Jedoch das Vieh hat sich gewehrt.
Da hab ich's mit dem Beil erschlagen."

Der Richter drauf: „Soll das beweisen,
aus Notwehr ward der Hund geschlagen?
Warum jedoch gleich mit dem Eisen
statt mit dem Stiel, muss ich Sie fragen?"

„Herr Richter, ja, ich hätt' gewiss
das Hackebeil auch umgekehrt,
hätte der Hund, statt mit Gebiss
mich malträtiert mit seinem Stert."

Eine andere Betrachtung
des Märchens vom Froschkönig

Man weiß ja, dass die Märchenwelt
oft einen tiefen Sinn enthält.
Da wird mit Strafen nicht geschont.
Das Gute aber wird belohnt.
So manche brave, arme Maid
bekommt zum Schluss ein Hochzeitskleid,
wird einem Prinzen dann vermählt,
– sie ward ja lang genug gequält.
Jedoch von anderem Kaliber
war da ein Gör, da hätt' man lieber
das Hinterteil ihr soll'n polieren,
statt sie mit Prinz zu kopulieren.
Als ihr beim Golden-Kugel-Spiel
das Spielzeug in den Brunnen fiel,
kam da ein Frosch zur rechten Zeit.
Und weil dem Frosch das Kind tat leid,
bracht' er die Kugel ihm zurück.
Doch nun begann das Missgeschick.
Das Gör hat Dankbarkeit versprochen,
doch hat es flugs sein Wort gebrochen.
Statt es zu hätscheln, hat alsbald
das Tier sie an die Wand geknallt.
Es war ein Wurf, der nur so krachte.
Doch kam es anders, als sie dachte.
Denn aus der feuchten Krötenspur
erstand ein Mann, der von Statur
sogleich als Prinz war anzuseh'n.
Den fand das lose Mädchen schön.
Drum tat sie ihn auch gleich umgarnen.

Und niemand tat ihn vor ihr warnen.
Er glaubt, sie habe ihn erlöst:
Doch war's ganz anders ja gewest.
Den Vater hat sie noch belogen,
gab vor, man hätt' sie sonst betrogen.
Der Frosch wollt in ihr Bett hinein,
doch sie wollt bleiben tugendrein.
Nein, nein, ihr lieben Brüder Grimm,
dies Königskind war wirklich schlimm.
Das war schon eine Flegelei
und garstige Tierquälerei.
Den Frosch wollt's Mädel nicht, partout,
drum stand der Prinz ihr auch nicht zu.

Die unvollendete Geschichte

In Frankfurt lebte seinerzeit
ein Arzt, man kennt ihn weit und breit,
weil er der Welt ein Buch beschert'
mit höchst erzieherischem Wert.
Z. B. dass man die Haare stutze,
die Nagelschere auch benutze,
dass man nicht mit dem Feuer spiele
und kippe nicht auf dem Gestühle,
dass man stets seine Suppe esse,
beim Geh'n die Vorsicht nicht vergesse.
Und weil das Wort oft nicht genügt,
hat er auch Bilder beigefügt.
Doch war er Mediziner nur.
Es fehlte ihm der Doktor jur.,
so dass bei manchem, was er schrieb,
die Story unvollendet blieb.
Da ist zum Beispiel jener Schneider,
der kompetent war, aber leider
doch viel zu überzogen handelt,
und einem Kind die Hand verschandelt.
Als öffentlich es ruchbar ward,
was er getan dem Konerad,
erfuhr's natürlich auch alsbald
der zuständige Staatsanwalt.
Der stellte fest, ganz strikt gesetzlich,
Körperverletzung und vorsätzlich.
Der Schneider musste, um zu sühnen,
hinter die schwedischen Gardinen.

Wer seine Schere zweckentfremdet,
mit Recht dann hinter Gittern endet.
Und weil es das Gesetz gebot,
erhielt er auch Berufsverbot.
Denn weitrer Umgang mit der Schere
für Kinder zu gefährlich wäre.
Ja, ja, mein lieber Hoffmann Heinrich,
dies nicht zu wissen, das war peinlich.

Na so was?

Als ein Badezimmer noch Luxus war,
stand auf dem Waschtisch ein Lavoir.
Darin hielt man sich für die Reinlichkeit
als Mensch von Kultur frisches Wasser bereit.
Hatte man morgens das Fell sich gescheuert,
ward für den Abend das Wasser erneuert.
Im Dachstock ein Mann namens Jacumo
besaß solch ein Becken voll H_2O.
Ein guter Mensch, doch ein wenig frivol,
außer Wasser schätzte er Alkohol.
Kam spät in der Nacht er in seine Kammer,
mit brummendem Schädel und Katzenjammer,
dann tauchte er nach seiner Wirtshausreise
ins Wasser sein brummendes Denkgehäuse.
Die Stiegen hinauf kam er einstens gekrochen,
weil dem Chianti er allzu viel zugesprochen.
Um zu sich zu kommen, da half wieder nur
die so oft schon bewährte Wasserkopfkur.
Danach zum Fenster raus goss er ganz munter
das kühle Nass auf die Straße hinunter.
Da kommt aus der Tiefe ein wütendes Schrei'n:
„Was fällt Ihnen ein, Sie da oben, Sie Schwein?"
Verdutzt blickt er raus – und was sieht er da nur:
Auf der Straße wild fuchtelnd 'ne Menschenfigur.
Und er ruft ganz erstaunt, benebelt vom Wein:
„Wie kommen Sie denn in mein Waschbecken rein?"

Eine Frage der Auslegung

Ein Mann, der redlich seine Arbeit tat,
ward einst vom Richter streng vernommen,
weil offiziell den Standpunkt er vertrat,
dass niemals er Gehalt bekommen.

Denn auf ein Schreiben von der Staatsgewalt,
die vieles von ihm wissen wollte,
darunter auch die Höhe vom Gehalt,
er alles ehrlich ausfüll'n sollte,

da schrieb der Mann: In Sachen pekuniär,
er leider ihnen sagen müsse,
auf Provision er angewiesen wär'.
Von 'nem Gehalt er gar nichts wisse.

Der Richter drauf: „Wir haben festgestellt,
als wir Ihr Konto eingesehen,
dass regelmäßig Sie erhielten Geld.
Woll'n Sie das endlich eingestehen?

Sie wurden ja doch monatlich bezahlt
und haben auf dem Fragebogen
vermerkt, es gäbe für Sie kein Gehalt.
Und somit haben Sie gelogen."

„Das Geld ist kein Gehalt, ich sagt' es schon",
will dieser Mann noch mal beteuern,
„der Staat gewährt mir eine Provision
für die Erarbeitung der Steuern."

Die Alternative

Am Samstag vor dem Ostermorgen,
da fahr'n die Meiers in die Stadt,
um einiges noch zu besorgen,
was feiertags man nötig hat.

Vor allem braucht man viele Eier,
die später zu bemalen sind,
damit zur schönen Osterfeier
das Kind sie dann im Garten find.

Bevor zum Heimweg man sich schicket,
muss die Mama noch einmal fort,
denn weil dem Kind im Bauch was drücket,
sucht sie mit ihm 'nen stillen Ort.

Dann sieht sie ihren Gatten stehen,
bepackt mit all dem Einkaufsgut,
und denkt, auwei, wie soll das gehen?
Und sie entscheidet resolut.

Denn Unheil fürchtend spricht Frau Meier:
„Gib her, das macht doch keinen Sinn,
trag du das Kind, gib mir die Eier,
bei dir, da fällt doch alles hin."

Viel Lärm um nichts

Herr Meier erlebt ein Großereignis im Fernsehen.

Weil ihn von jeher schon interessiert,
was in der Welt so im Sport passiert,
schaltet der Mensch, neudeutsch Fan genannt,
den Fernseher ein und er ist gespannt
auf einen Boxkampf im Schwergewicht,
den man als Kampf des Jahres verspricht.
Die Sendezeit liegt zwar ziemlich spät,
doch weil es ja um eine Meisterschaft geht,
nimmt man die Uhrzeit gerne in Kauf
und bleibt dafür etwas länger auf.
Halb elf Uhr des Nachts die Sendung beginnt.
Man sieht, wie viel Leute doch Boxfans sind.
Gefüllt ist die Halle mit einigen Tausend,
die Scheinwerfer grell, der Lärmpegel brausend.
Der Platz in der Mitte, man nennt ihn zwar Ring,
doch ist deutlich zu sehen, dass eckig das Ding.
Im dunklen Habit und mit Stentor-Ton
schreit ein Mann das Programm durchs
Mikrofon.
Ein anderer läuft mit dem Mikro herum
und sucht ein paar Leute im Publikum.
Die scheinen als Sportler und Mimen bekannt,
für Boxleidenschaft und für Sachverstand.
Klug geben sie dann in dem Interview,
was den Kampf anbetrifft, ihren Senf dazu.
Dann sieht man die Boxer, die starken, die kühnen,
wie sie sich verhalten in ihren Kabinen.

Und schließlich, man wartet schon lange darauf,
bricht der Erste zum Marsch in die Halle auf.
Musik begleitet ihn auf seinem Gang.
Aus gutem Grund ist der Weg ziemlich lang.
Denn die Leute am Bildschirm, die sollen doch seh'n,
das Muskelpaket, das so telegen.
Dann erscheint der Zweite, und man ist doch
schockiert,
denn mit Gruselbild ist seine Brust tätowiert.
Auf dem Wege zum Ring ist gemeinsam den beiden,
dass Schatten boxend sie Kräfte vergeuden.
Dann wird dem Publikum erst noch erklärt,
wie die beiden Box-Recken bisher sich bewährt,
in wie viel Kämpfen in früheren Tagen
sie ihre Gegner zusammengeschlagen.
Denn dafür trainieren sie stets hart und fleißig.
Inzwischen ist es schon elf Uhr dreißig.
Nun muss sich erheben jede Frau, jeder Mann,
denn man stimmt jetzt die Nationalhymnen an.
Vier junge Frauen, recht hübsch und adrett,
spielen die Lieder als Damenquartett.
Jetzt, denkt der Mensch, der vorm Bildschirm wartet,
dass doch wohl endlich der Titelkampf startet.
Doch die Kämpen zunächst noch zur Ringmitte
müssen.
Dort mahnet der Ringrichter an ihr Gewissen,
dass fair sie kämpfen und nur mit den Fäusten.
Mind the head, denn durch Kopfstoß passiert es
am meisten,
dass des Gegners Gesicht unterm Auge dann hat
einen blutunterlaufenen hässlichen Cut.
Präliminär ist nun alles vollbracht.
Es ist ja auch beinah schon Mitternacht.

Und ginge der Kampf bis zur zwölften Runde,
dann dauert das auch noch fast eine Stunde.
Was der Mann an dem Bildschirm schon lange
ersehnt,
das fängt endlich an, denn der Gong ertönt.
Es fliegen die Fäuste – doch keine zwölf Runden.
Der Kampf dauert grade mal sechzig Sekunden.
Der Gruselbildprotz muss zu Boden geh'n,
und der Referee zählt sieben, acht, neun und zehn.
Herr Meier am Bildschirm, der fragt sich: Warum
macht man da zuvor so'n Brimborium?
Dafür, dass der Kerl schon am Boden liegt,
hätt' 'ne Sendung von zwei Minuten genügt.
So manches, das vorher groß angepriesen,
hat bald hinterher sich als Windei erwiesen.

Und sollt' jemand meinen, da lohnt sich doch nicht
für solch ein Ereignis so'n langes Gedicht,
dafür Zeit zu verschwenden, das fände er schlecht,
da kann man nur sagen, da haste ganz Recht.

Moderne Zeiten

Wie es Brauch seit vielen Jahren,
kommt der strenge Nikolaus.
Über gut' und schlecht' Gebaren
fragt er dann die Kinder aus.

Rot bemantelt, Bischofsmütze,
Pädagogik im Gesicht,
steht er vor dem kleinen Fritze,
fast so wie im Schwurgericht.

Sonor'gen Tons beginnet er,
weil er doch alles wissen will,
ein penibeles Verhör.
Doch der Bub bleibt mäuschenstill.

„Hast du heimlich wohl geraucht?
Tat'st die Mädchen du verhauen?
Hast du Schimpfworte gebraucht?
Tat'st du etwa Plätzchen klauen?

Hast dein Müsli brav gegessen?
Hoffentlich kannst du nicht lügen?
Hast das Waschen nicht vergessen?"
Aber Fritzchen bleibt verschwiegen.

Schließlich wird die Fragerei
diesem Lausbub doch zu bunt.
Und dass endlich Ruhe sei,
darum öffnet er den Mund:

„Stellen Sie nur Ihre Fragen,
mich erwischt man nicht so bald.
Ich werd' Ihnen gar nichts sagen,
ohne meinen Rechtsanwalt." –

Sensationsgier

Im kleinen Zirkus Kunterbunt
Direktor Schniek tut lautstark kund
dem Publikum – es wartet schon –
nun eine tolle Sensation.
Ein Messerwerfer werde jetzt
mit Messern, spitz und scharf gewetzt,
sein großes Können präsentieren
und höchst Gefährliches vollführen.
Cowboy-gewandet, selbstbewusst
erscheint ein Mann mit breiter Brust.
Der stellt gewandt mit sichrer Hand
ein Mädchen vor 'ne Bretterwand.
Die junge Dame, recht apart,
hat an Textilien sehr gespart.
Und dann beginnt das Messerwerfen.
Die Dame hat, scheint's, keine Nerven.
Obwohl dicht neben Brust und Becken
die Klingen in der Holzwand stecken,
haarscharf an Kopf und Bauch vorbei,
sie zuckt nicht, lächelt noch dabei.
Im Publikum hört man ein Raunen,
weil alle solche Kunst bestaunen.
Da sagt 'ne Frau zu ihrem Mann:
„Ich schau mir das nicht länger an.
Der hat vom Zielen keinen Schimmer.
Wir geh'n! Der trifft sie nie und nimmer."

Verkehrsregeln

Im kleinen Zirkus Kunterbunt,
da steht ein Käfig, kugelrund,
aus durchsichtigem Drahtgeflechte,
weil jeder ja doch sehen möchte,
wenn er sich außen hat platziert,
was in dem Käfig drin passiert.
Zwei Männer – das geschieht noch leise –
begeben sich ins Drahtgehäuse.
Sie prüfen rundum sehr genau
– mag sein, sie tun es nur zur Schau –,
ob auch der Stahldraht ohne Makel,
damit nicht drohe ein Debakel.
Und dann bringt man, da staunt ein jeder,
ins Käfigrund zwei Motorräder.
Die Männer steigen mutig auf.
Alsdann beginnt ein Rennverlauf
von einer ganz besond'ren Art,
wie er noch nie gesehen ward.
Der eine rast horizontal,
der andre sogar vertikal.
Da sie die Fliehkraft ausgenützt,
sind vor dem Absturz sie geschützt.
So knattern sie, man glaubt es kaum,
kreuz und die Quer auf engstem Raum.
Da denkt ein Mann im Publikum:
Wie die da brausen rundherum,
da könnt' es leicht 'nen Crash doch geben.
Und dann würd' ich gern mal erleben
 der beiden hitzige Debatte,
um das, wer denn die Vorfahrt hatte.

Sehr mutig

Im kleinen Zirkus Kunterbunt,
da geht es wieder richtig rund.
Die Clowns, die Flieger, die Jongleure
und der Artisten noch viel mehre,
die haben, wie es sich gebührt,
das Publikum schon fasziniert.
Jetzt wird ein Käfig aufgerichtet.
Direktor Schniek derweil berichtet,
es komme eine tapfre Maid
mit absoluter Weltneuheit.
Aufwirbelnd den Manegenstaub,
stürmt nun herein ein wildes Raub-
tier, als Löwe weltbekannt,
danach 'ne Dame, sehr charmant.
Der Löwe faucht, schlägt mit der Tatze.
Doch sie, als wär's 'ne Schmusekatze,
hat fest im Griff das Steppentier,
auf dass gehorsam es vollführ',
was die Dressur hat vorbereitet.
Sie gar auf seinem Rücken reitet.
Zum Schluss, missachtend die Hygiene,
küsst dann das Löwenmaul die Schöne.
Nachdem verebbt ist der Applaus,
tritt der Herr Schniek noch mal heraus.
Er fragt: „Gibt es hier einen Mann,
der solchen Kuss wohl wagen kann?"
Zehntausend Euro wär'n der Lohn
für diese wahre Sensation.

Ein Mann mit Namen Balduin
– das Publikum bewundert ihn
als einen couragierten Held –
will sich verdienen gern das Geld.
„*Ich* wage den Kuss", lässt er stolz verkünden,
„zuvor aber müsse der Löwe verschwinden."

Zauberhafte Aussichten

Im kleinen Zirkus Kunterbunt
gibt's oftmals wirklich guten Grund,
über das Publikum zu staunen,
ob dessen merkwürdiger Launen.

Da sitzt ein Mann mit seiner Ollen,
sieht Akrobatik und die tollen
Luftnummern über der Manege,
dressierte Pferde, weiß und beige.

Was immer auch geboten wird,
er nörgelt rum und kritisiert.
Jongleure findet er zu tapsig,
den Clown humorlos und zu flapsig.

Der Fakir auf dem Nagelbrett,
na ja, die Nummer sei ganz nett.
Doch besser wäre sie gelungen,
wär' mit Elan er draufgesprungen.

Er meckert permanent und kleinlich,
und seiner Frau wird's langsam peinlich.
Sie gibt ihm einen Rippenstoß.
Das steigert seinen Unmut bloß.

Nun tritt in der Manege Mitte
ein Zauberer, und wie's so Sitte,
begleitet ihn ein weiblich Wesen,
weil es schon immer so gewesen.

Sie assistiert, wie's ihre Pflicht.
Jedoch die Schönste ist sie nicht.
Die Beine O, und schief der Blick,
das Hinterteil ist auch zu dick.

Der Mann kann nur die Nase rümpfen
und findet wieder Grund zum Schimpfen.
„Wer hat denn die hierher gestellt?"
Er fühlt sich um sein Geld geprellt.

Doch dann erstrahlet seine Miene.
Die Frau legt sich in 'ne Vitrine.
Als Höhepunkt der Zauberei
sägt nun der Magier sie entzwei.

Beim Mann bricht jetzt der Jubel aus.
Begeistert spendet er Applaus.
Die Frau verwundert sein Gebaren
und will die Ursach' gern erfahren.

„Wer so aussieht", sagt er verlegen,
„den könnt' ich wahrlich auch zersägen.
An der hat man doch keinen Spaß."
Da wird die Gattin leichenblass.

Der filmende Hochstapler

Hochstapelei, das ist bekannt,
ist strafbar in fast jedem Land.
Doch gibt's auch die, meist als Klischee,
die jenseits vom StGB.
Manchmal sie uns verärgern kann,
oft regt sie auch zum Schmunzeln an.
So braucht man beispielsweis' Humor,
wenn irgend so ein Filmautor
den Vorspann so gestalten tut,
als filmte er in Hollywood.
Zunächst erscheint, noch sehr dezent,
ein wirbelndes Sternfirmament.
Dieses signalisieret schon:
Der Film hat größre Dimension.
Durchs Himmelsblau alsdann rotiert
ein Erdball, und der suggeriert:
Des Filmes Absicht sei global,
und der Autor wohl genial.
Ein Logo zoomt sich in die Mitte,
so wie's bei großen Filmen Sitte.
Erst klein, dann wachsend heißt's zuletzt:
Das Studio Schulze zeige jetzt ...??
Doch um die Spannung zu erhöhn,
kann man zunächst noch gar nicht seh'n,
was dieser Film uns zeigen möchte,
weil aus dem Buchstabengeflechte,
das kreuz und quer die Leinwand ziert,
ganz langsam erst ein Titel wird.

Profilsucht macht es unumgänglich,
dass der natürlich nur auf Englisch.
Umrahmt wird alles, das ist schick,
mit festlicher Begleitmusik.
Der Vorspann, ja, ein tolles Ding,
der Film jedoch ein Kümmerling.
Es kreißt' der Berg, was er gebar,
im Endeffekt ein Mäuslein war.
Beim Abspann erst, fast maliziös,
da wird's noch einmal ganz pompös.
Großspurig werden aufgeführt,
die bei dem Machwerk assistiert.
Es wär' ein Spaß, mal zu ergründen,
ob Stolz sie oder Scham empfinden.

Mogeln ja – aber bitte ehrlich

Sehr oft der Mensch sich echauffieret,
wenn er so vor dem Bildschirm sitzt,
weil das, was in der Welt passieret,
ihn bis zur Rage oft erhitzt.

Zum Beispiel bei den wohlbekannten
Exzessen von der Polizei,
die den so braven Demonstranten
begegnet nur mit Prügelei.

Und vice versa stimmt's ihn traurig,
wenn etwa bei 'nem Tiertransport
erscheinen Bilder schrecklich schaurig.
Da fließt er fast in Tränen fort.

Doch muss der biedre Zeitgenosse
auch wirklich glauben, was er sieht?
Vielleicht ist's nur geschickte Posse,
was auf dem Bildschirm da geschieht.

Mit Film erweckt man Illusionen,
kann demagogisch imponieren
und steuern so die Emotionen,
will Leute man bewusst verführen.

Mit Bildauswahl, Schnitt und Montage,
mit Tonveränd'rung und, wenn's geht,
hilft manchmal auch 'ne Persiflage
zur Fälschung der Realität.

Fremdbilder kann man leicht vernetzen,
um ein Ereignis zu bekunden,
und damit gegen etwas hetzen,
was überhaupt nicht stattgefunden.

Wer Filmgescheh'n kritiklos sieht
und sich dann klug und wissend deucht,
verkennt – was leider oft geschieht –,
dass man ihn raffiniert getäuscht.

Ist Filmgestaltung drum zu rügen,
weil man manipulieren kann?
Nur wer's missbraucht, um zu betrügen,
den seh' man mit Verachtung an.

Vielmehr man jenen Autor preise,
der kreativ mit viel Geschick
Filmkunst erschafft auf seine Weise
und dabei ausnutzt manchen Trick.

Er darf getrost manipulieren
mit Kamera und Schneidgerät,
um andere zu delektieren,
– falls er die Wahrheit nicht verdreht.

Herr Amafi wundert sich

Amafi, der seit vielen Jahren
um gutes Filmen sich bemüht,
der möchte nun auch mal erfahren,
was andernorts mit Film geschieht.

Es gibt zum Glück ja jene Feste,
um sich mal gründlich umzuschauen,
wo Filmautoren und auch Gäste
auf Urteil von Juroren bauen.

Man ist ja schließlich lernbeflissen.
Wie andre ihren Film gestalten,
das möchte Herr Amafi wissen,
auch, wie Juror'n des Amtes walten.

Bewundernd, teils auch irritiert
sieht er im dunklen Vorführsaal,
was so an Filmen existiert,
von Super-Acht bis digital.

Nun ja, was die Autoren zeigen,
das variiert nach Qualität.
Doch allen Filmen ist zu eigen
ein Hauch von Kreativität.

Nach diesem bunten Filmgeschehen
sind die Juroren aufgerufen,
was auf der Leinwand sie gesehen,
sachkundig, kritisch einzustufen.

Die Statements einiger Juroren
verwundern den Amafi sehr.
Denn sie belehrten die Autoren
ob eigner Wünsche und Begehr.

Ich hätte jenes gern gesehen,
und dieses habe ich vermisst,
und das müsst' man ganz anders drehen,
weil es jetzt doch so üblich ist.

Gewünscht hätt' ich mir ebenso
ein wenig mehr noch zu erfahren
von diesem Städtchen Irgendwo.
Ich war selbst dort vor ein paar Jahren.

Was jener Film dokumentiert,
das hätt' ich anders mir gedacht.
Ich weiß, die Sach' ist kompliziert,
doch hätt' ein Mikro mehr gebracht.

So ging es konjunktivisch fort
mit hätte, könnte und mit sollte.
Jedoch verloren die kein Wort
an das, was der Autor denn wollte.

Was fehlte, das bekam Beachtung,
floss negativ ins Urteil ein.
Doch was präsent, erfuhr Missachtung.
Wer will denn da Autor noch sein?

Amafi, auf dem Weg nach Hause,
sinniert und grübelt und bedenkt:
Bin ich vielleicht gar der Banause,
oder sind die da so beschränkt?

Daheim sagt er zu seinem Weibe,
das stets sein Hobby unterstützt:
„Denke nur ja nicht, dass beileibe
das Kreativsein etwa nützt.

Vielmehr gilt es zu eruieren,
bei all den Damen und den Herr'n,
die dorten als Juror fungieren:
Bitt' schön, wie hätten Sie's denn gern?"

Beckmessers Nachfahren

Herr Hanslick war ein Kritikaster,
benahm sich oftmals wie ein Lümmel.
Er hatte ein spezielles Laster:
Im Kunstwerk suchte er die Krümel.

Besonders oft hat er gehetzt
gegen den Meister aus Bayreuth.
Der hat ein Denkmal ihm gesetzt
im Beckmesser für alle Zeit.

Durch einen wackren Handwerksmeister,
der jedem als Hans Sachs bekannt,
vertrieb er Krümelsuchegeister.
Doch hat er sie nicht ganz verbannt.

Sie sind aus dem Kulturgeschehen
ja leider nicht total verschwunden.
In Filmclubs kann man sie noch sehen,
wo sie ihr Arbeitsfeld gefunden.

Da redet mancher sein Blabla,
obwohl er nichts zu sagen hat.
Als Krümelsucher wirkt er da
als echtes Hanslick-Surrogat.

Er hat erst einen Lustgewinn,
sobald 'nen Bildsprung er entdeckte.
Er weist auf jeden Wackler hin,
zählt Schwenks und Zooms und Bildeffekte.

Er fordert O-Ton sogar dort,
wo der Autor aus gutem Grunde
platziert hat ein begleitend' Wort,
und zwar aus kompetentem Munde.

Mal ist ihm die Musik zu laut.
Ein ander' Mal möcht' er sie missen.
Den Farbton hält er für versaut.
Er muss halt alles besser wissen.

Wenn jemand urteilsfähig ist,
den Film als Ganzes auch betrachtet,
der wird dann gern zu jeder Frist
als guter Kritiker geachtet.

Doch denen, die auf jeden Fall
in Krümeln suchen und monieren,
gesagt sei ein für allemal,
dass sie als Beckmesser agieren.

Zumindest sollten sie's doch auch
so wie die klugen Leute halten,
und vor des Mundwerkes Gebrauch
erst einmal das Gehirn einschalten.

Diskrepanzen

Es haben sich nun die Juroren
mit Würde aufs Podest begeben.
Voll Spannung warten die Autoren,
um jetzt das Urteil zu erleben,
ob denn ihr Werk, das sie vollbracht,
bei diesen weisen Filmexperten
entsprechende Furore macht,
für einen Preis, den so begehrten.
Der Jury-Leiter, mit Routine,
ruft auf den Film Numero drei.
Und mit Respekt heischender Miene
trägt jeder zur Debatte bei:
„Film Nummer drei ist sachbezogen
und zweifellos recht gut montiert.
Er hat auch einen Spannungsbogen;
die Highlights sind recht gut platziert.
Erfreulich knapp der Kommentar.
Musik und O-Ton harmonieren.
Bildqualität ist wunderbar.
Allenfalls könnte man monieren,
beim Titelbild die Schriftauswahl.
Doch tut das keineswegs genieren.
Gut ist der Film ja allemal."
Dem Filmautor von Nummer drei
klingt's wie Musik in seinen Ohren,
hofft auf 'nen Preis, und denkt dabei:
Sie sind doch weise, die Juroren.
Tags drauf, nach obligater Weise,
versammeln die sich im Bestreben,
zwecks fairer Zuweisung der Preise,

gewissenhaft die Hand zu heben.
Gespannt und voller Euphorie
harrt Filmautor von Nummer drei,
für welche Preiskategorie
sein Werk wohl vorgesehen sei.
Der Leiter fragt: „Film Nummer drei,
wer meint, dass ihm ein Preis gebühret,
wie hoch er zu bewerten sei."
Jedoch *nicht eine* Hand sich rühret.
Der Autor staunt, begreift nicht ganz,
wie kommt's, dass doch die selben Leute
bewirken solche Diskrepanz
vom gesterigen Tag auf heute?
Nachdenklich meint er dann, aha,
wie ich die Sache dreh' und winde,
die Schriftauswahl war der Fauxpas,
das war 'ne filmische Todsünde.
Ein Filmfreund, der ihn grübeln sieht,
der lang schon wettbewerbserfahren,
sagt – um ein bisschen Trost bemüht –
er solle sich das Grübeln sparen.
Ne Logik suche er vergeblich
bei einem Wettbewerbsgehetze,
da gibt man, das sei oft so üblich,
nichts auf das gestrig' dumm' Geschwätze.

(Beobachtungen bei einem Amateurfilmwettbewerb)

Der geräuschlose Filmclubmotor

Als ich das Denkmal eines Kings sah,
hab auf dem Sockel ich gelesen,
dass in der Schlacht – es war bei Dingsda –
sei er der Sieger dort gewesen.
Ich dacht', was diese Inschrift sage,
mein lieber Freund, das kann nicht sein,
weil Wichtiges man unterschlage:
Er kämpfte dort doch nicht *allein.*
Doch kann man's leider oft erfahren:
Die einen steh'n im Rampenlicht,
doch die, die ihre Helfer waren,
an die, na ja, da denkt man nicht.
In einem Filmclub beispielsweise,
da könnte gar nichts funktionieren,
wär'n die nicht, die meist still und leise
im Hintergrunde assistieren.
Ein Film, auch wenn er gut gemacht,
würd' auf der Leinwand gar nicht flimmern,
gäb's Leute nicht, die mit Bedacht
sich fleißig um die Technik kümmern.
Selbstlos und ohne Starallüren
ist manch ein Mitglied stets bemüht,
zweckdienlich zu organisieren,
was vordergründig man nicht sieht.
Und vielen bleiben auch verborgen
die Arbeit, Mühe und der Fleiß,
um Wettbewerbe zu versorgen,
denn dafür gibt es keinen Preis.

Ein Dank gebührt stets denen auch,
die um des Leibes Wohl sich mühen.
Sonst müsste man mit leerem Bauch
nach Filmclubtreffs von dannen ziehen.
Gegönnt sei einem Filmautor,
dass er sich seines Kunstwerks rühme.
Doch mahne man ihn auch zuvor,
dass ihm Bescheidenheit gezieme.
Denn ohn' die Helfer ringsherum,
die tragen eines Filmclubs Lasten,
da fehlte ihm das Publikum.
Sein Werk verstaubt' im Rumpelkasten.

Klagelied eines Amateurfilmers
nach der Melodie „Da streiten sich die Leut' herum",
mit Drehorgelbegleitung zu singen.

Als ich ein schmucker Jüngling war,
da hatte ich noch Geld.
Ich machte froh in jedem Jahr
'ne Reise um die Welt.
Um zu bewahren, was ich sah,
da hab ich mir gedacht:
Da kaufste dir 'ne Kamera;
es war 'ne Doppel-Acht.
Dazu noch etwas Zubehör,
das musste schließlich sein.
Bald war auch Tonspur mein Begehr.
Ich zahlt' manch braunen Schein.

Kaum war das alles angeschafft,
da war's schon alt Gelump.
Ich kauft', als alles weggerafft,
'ne Super-Acht auf Pump.
Das Ding dann immer aufzuzieh'n,
das machte kein Pläsier,
und ich erwarb mit Batterien
alsbald 'ne Neue mir.
Jedoch die Zeit, sie bleibt nicht steh'n,
das Filmen wurde Stress.
Um mit der Zeit voranzugeh'n,
braucht' ich 'ne VHS.

Die Wohnung ward mir bald zu klein,
ne größ're musste her,
denn um noch up to date zu sein,
da kaufte ich noch mehr.
Ein Zimmer ward zum Studio
und zum Gerätepark,
für Monitor und Avio,
der Kaufzwang ward zu stark.
Doch merkte ich sehr balde schon:
Da muss noch mehr herbei.
Schließlich war Casablanca-Cron
vorerst der letzte Schrei.

Und wer da denkt, die Zeit bleibt steh'n,
der irrt sich allzumal.
Der Händler hat es gern geseh'n:
Ich film' jetzt digital.
Man hat mir ja als Amateur
'nen Floh ins Ohr gesetzt:
Mit Opas Kino wär's nix mehr,
hat man mir aufgeschwätzt.
Heut' filme man professionell,
zwar billig sei das nicht.
Das Filmgerät veralte schnell,
Erneuerung sei Pflicht.

Ihr seht, was daraus werden kann,
ich tu es allen kund.
Jetzt steh' ich da als Orgelmann
und bin ein armer Hund.
Nun bettle ich von Haus zu Haus
und brauche ein paar Cent,
weil ich ansonsten – ach o Graus –

nicht weiterfilmen könnt'.
Ein tolles Studio hab ich jetzt,
doch hab ich mich verwählt.
Was nützt's, wenn's Geld zu guter Letzt
für 'ne Kassette fehlt.

Die Gruppenreise

Für den Urlaub in einem anderen Land
hat ein Filmfreund im farbigen Reiseprospekt,
den ein Reisebüro kürzlich ihm zugesandt,
ein verlockendes Angebot entdeckt.

„Im Bus", so heißt es, „ohne Hektik und Müh',
und zu den jeweils günstigsten Zeiten
und mit allem Komfort befördern wir Sie
zu den Sehens- und zu den Gedenkwürdigkeiten."

In dieses ersehnte Land zu gelangen
und dort zu filmen ohne Hektik und Müh',
das war ja schon immer sein heißes Verlangen.
So besteigt er den Bus voller Euphorie.

Doch ach, schon beim ersten Aufenthalt
erlebt unser Freund eine missliche Pleite.
Vor einem Schloss hält der Bus und alsbald
drängt vor ihm zum Ausgang die Mitfahrermeute.

Als auch unser Freund den Schauplatz erreicht,
die Belichtung dann abwägt mit prüfendem Blicke,
nicht ein einziger Mensch von der Stelle weicht.
Zum Filmen gibt's da überhaupt keine Lücke.

Und dann blickt der Trupp bei dem nächsten Stopp
auf ein prächtiges Panorama.
Doch wiederum wird's für den Filmfreund ein Flop.
Die Spaß-Tour mutiert allmählich zum Drama.

Kaum wurde die Kamera fest installiert,
da stolpert so'n Flaps übers Dreibeinstativ.
Und eh' unser Filmfreund aufs Neue justiert,
vom Reisebus her man zur Weiterfahrt rief.

Was nützen dem Filmfreund die besten Ideen,
wenn der Mitmensch bereitet ihm so viel Beschwer.
Zum Frust kommt im Bus noch das Radiogetön'.
Und die Filmkassette, sie bleibt ziemlich leer.

Dann steht irgendwann auf dem Reiseplan,
dass man heut' 'ne exotische Manufaktur
mit allen Interna besichtigen kann.
Sachkundig erklärt werde die Prozedur.

Was der Guide da erklärte, das war int'ressant.
Doch leider verstand man da kaum einen Satz.
Im O-Ton war Volkes Blabla dominant.
Auch dieser Filmtag, er war für die Katz.

Es wäre zudem ja auch angebracht,
dass die Kamera mal das Detail anvisiert.
Das Gedränge jedoch hat's unmöglich gemacht.
Unser Filmfreund allmählich schon fast resigniert.

Die Batterie, ach, oh Schreck, die ist plötzlich leer,
und kein Fachgeschäft gibt es hier weit und breit.
Wo bekommt man jetzt bloß eine neue her?
Bei Gruppenreisen fehlt dafür die Zeit.

Ein Rudel von Tieren, exotisch und wild.
Jetzt muss unser Filmfreund mobil sein und fix.
Da läuft ihm doch prompt so ein Tölpel ins Bild.
Und das Rudel läuft auch. Es war wieder nix.

In einer Stadt ist ein Denkmal zu sehen.
Die Schussbahn ist frei, aus dem Bus schnell heraus!
Da erscheinet ein andrer, um die Ruh' ist's
geschehen,
denn der spuckt 'ne Ladung Japaner heraus.

Das ist nun fürwahr eine gelbe Gefahr.
Man sei da gewesen, will ein jeder beweisen.
Halb Japan posiert vor dem Denkmal als Star.
Nur zwecks solcher Fotos geh'n die wohl auf Reisen.

Nachdem auch der letzte Ostasientourist
aus dieser rücksichtslosen Kolonne
als Denkmalblockade verschwunden ist,
steht im Gegenlicht längst schon die Abendsonne.

Das war's, so denkt unser Filmfreund mit Trauer,
und packt resigniert die Kamera ein.
Den nächsten Prospekt, den studier' ich genauer.
Auf jeden Fall reise ich aber allein.

Die lieben Tiere

Wo die Liebe hinfällt

Unter den Tieren auf diesem Planeten
ist er der Schönste nicht, was niemand leugnet.
Ein Genuss ist er wahrlich nicht für den Ästheten,
auch zum Kuscheln ist er ganz ungeeignet,
der Igel.

Spreizt er die Stacheln mal steil in die Höhe,
dann sieht man, was sonst verborgen den Blicken.
Man ruft ganz verwundert: „Der Kerl hat ja Flöhe!"
Die krabbeln putzmunter herum auf dem Rücken,
beim Igel.

Hygiene und Reinlichkeit lässt er vermissen.
Kein Rosenduft aus dem Körper ihm dringt.
Und alle, die ihn mal berührten, die wissen
und bekennen mit Schmunzeln, dass er ja doch
stinkt,
der Igel.

Sein Speiseplan ist ziemlich unappetitlich,
besteht er doch meist aus Würmern und Schnecken.
Laut schmatzend verschlingt er des Nachts sie
gemütlich
und auch manchen Mistkäfer lässt er sich
schmecken,
der Igel.

Und dennoch – bei all diesen Defiziten
ist der kleine Kerl bei den Menschen beliebt.
Kaum ein anderes Tier ist so wohl gelitten,
obwohl es wahrhaftig doch schönere gibt,
als den Igel.

Es ist wohl sehr schwierig herauszufinden,
warum dieses Stacheltier Zuneigung hat.
Das Wesen der Liebe ist nicht zu ergründen.
Ein Hoch auf den Igel, ein dreifach Vivat!

Asinus hat Kummernus

Den Esel hat oft irritiert,
dass ihn der Mensch diskriminiert.
Und darum bat er ganz devot
um Audienz beim lieben Gott.
„O Herr, ich hab den guten Willen,
den Schöpfungsauftrag zu erfüllen.
Ich bin wahrhaftig allezeit
dem Mensch zu dienen gern bereit.
Ich trage oft die schweren Bürden,
wo andre dran zerbrechen würden.
Ich diene zentnerschweren Leuten
ganz willig, dass sie auf mir reiten.
Ich trotte auch verständnisvoll,
wenn ich den Karren ziehen soll.
Beim Futter bin ich recht bescheiden.
Dem Pferd tu ich den Mais nicht neiden.
Nun komm' ich, Herr, mit der Beschwerde,
dass leider hier auf deiner Erde
mein Dienen missverstanden wird,
als Torheit, und das deprimiert.
Ist jemand mal als dumm erkannt,
dann wird er „Esel" oft genannt.
Ich bitt' dich, Herr, mal zu bedenken,
wenn mich die Menschen also kränken,
muss ich dann Demut noch bewahren,
wenn Menschen so mit mir verfahren?"
Drauf spricht der Herr: „O Asinus,
ich leider Recht dir geben muss.
Denn auch der Mensch, das muss ich sagen,
sollt' ja mal andrer Lasten tragen.

Doch hat er leider das vergessen,
seit er verbotne Frucht gegessen.
Drum, Langohr, brauchst dich nicht zu schämen,
darfst auch den Menschen mal vergrämen.
Gerät er dir manchmal zur Pein,
dann darfst du auch mal störrisch sein."

Nomen est omen – aber nicht immer

Einst rief Gott, der Herr, den Menschen herbei,
wie nachzulesen in Genesis zwei,
wo im Verse neunzehn es also notiert,
dass dem Menschen die Namensgebung gebührt,
für die ihm von Gott anvertrauten Tiere,
dass er sie erkenne und differenziere.
Vermutlich durch Stress sind dem Menschen beim
Taufen
hin und wieder auch Fehler dabei unterlaufen.
Wie sollte man sonst die Benennung verstehen,
mit der er die Fledermäuse versehen?
Da ist dem Mensch was daneben geraten,
denn Mäuse sind keine Luftakrobaten
wie die nachtaktiven Insektenfresser.
Und mit den Schweinen steht's auch nicht viel besser.
Mit unserem grunzenden Borstenschwein
hat das Meerschweinchen wirklich gar nichts gemein.
Es ist doch als niedlicher Nager bekannt
und nicht als ein Kot'lett- und Steak-Lieferant.
Und einen Affen Meerkatze zu nennen,
das heißt in der Tat, die Natur zu verkennen.
Denn ein jeder weiß doch nur allzu gut:
Mit dem Meer und der Mieze hat der nichts am Hut.
Dass das Pferd ein Nutztier, wird niemand bestreiten.
Doch versuchen Sie mal auf 'nem Seepferd zu reiten.
Auch das Heupferd, das uns mit Zirpen erfreut,
das hat mit dem Gaul keine Ähnlichkeit.
Ein jeder auch weiß, in der Zoologie
ist der Hahn ein Mitglied beim Federvieh.
Doch Knurrhahn zu sagen zu einem Fisch,

79

das ist doch geradezu lächerlich.
Und ganz schlimm ist's, was bei der Benennung
passiert,
als der Mensch eine Schlange hat diskriminiert.
Nur weil dieses Tier in den Nächten kann jagen,
muss man zu ihm doch nicht gleich Puffotter sagen.
Noch manch anderes Tier wurde falsch etikettiert,
was heute die Schulkinder oft irritiert.
Und weil der Mensch sich selbst nahm zu wichtig,
ist die Eigenbezeichnung wohl auch nicht ganz
richtig.
Ich bin homo sapiens, lässt er stolz verkünden.
Doch ist bei ihm Weisheit nur selten zu finden.

Fatal

Ein Hund läuft einsam durch die Wüste.
Es ist ein starker Rüde.
Als ob er etwas suchen müsste,
rennt er und ist schon ziemlich müde.

Mal saust er vorwärts, mal zurück,
mal kratzt er sich am Ohr.
In jede Richtung irrt sein Blick.
Die Wüste kommt ihm seltsam vor.

Fata Morgana lockt von ferne.
Die möchte er erreichen.
Ach, dorthin lief er allzu gerne.
Jedoch, er kann fast nur noch schleichen.

Die Zunge hängt ihm aus dem Maule,
und hechelnd quält er sich voran.
Gar weithin tönet sein Gejaule,
als hätt' man Böses ihm getan.

Was soll ein Hund auch in der Wüste?
ein jeder gerne wissen möcht'.
Ein Hund hat andere Gelüste.
Dies Umfeld ist nicht artgerecht.

Was dieses arme Vieh dort quält,
lässt sich in schlichte Worte fassen:
Weil's weit und breit an Bäumen fehlt,
kann nirgends er sein Wasser lassen.

Relativitätslehre

Frau Fuchs, die man auch Fähe nennt,
hat einige Erziehungssorgen,
dieweil der Nachwuchs lieber pennt,
als aufzustehen früh am Morgen.

„Wenn schlafend man den Tag verträume",
tut sie mit einem Sprichwort kund,
„man viele Chancen wohl versäume,
denn Morgenstund' hat Gold im Mund."

Der Welpen Sträuben ist vergebens.
Sie müssen täglich ungefragt
früh für den Unterhalt des Lebens
mit Frau Mama auf Mäusejagd.

Sie schnüren durch des Waldes Flur
noch vor dem ersten Sonnenschein.
Die Füchsin vorn, auf Mäusespur.
Die müden Welpen hinterdrein.

Da huscht aus einem Loch heraus,
und gut zu sehen im Gelände,
ganz plötzlich eine fette Maus.
Und das war prompt ihr Lebensende.

Im Sprung, nach alter Raubtierweise,
packt Mama Fuchs die Maus am G'nick
und legt sie dann als Frühstücksspeise
den Kindern vor mit frohem Blick.

Belehrend hebt sie drauf die Klauen:
„Wär'n wir nicht hier vor Tageslicht,
um uns nach Beute umzuschauen,
hätten die Maus wir nicht erwischt.

Drum morgens zeitig aufzustehen,
das hat, merkt's euch, schon seinen Grund,
wie hier am Beispiel ist zu sehen,
denn Morgenstund' hat Gold im Mund."

Das find't das Jüngste übertrieben
und will der Mutter contra geben:
„Ja, wär' die Maus im Bett geblieben,
dann wäre sie jetzt noch am Leben."

Besinnliches

Gottesfriede
Nach einer Erzählung von Selma Lagerlöf

Auf dem Gutshof des alten Ingmarson,
der zu den größten im Kirchspiel zählt,
hält man in Ehren die Tradition
und die uralten Bräuche der nordischen Welt.

Erwartungsfroh, wenn auch mit viel Plage,
das Fest gebührlich vorzubereiten,
sind die Bewohner am Vorweihnachtstage
beschäftigt mit ihren Obliegenheiten.

Da wird gebraut und gekocht und gebacken,
gewaschen, gebügelt, die Diele gescheuert.
Man sieht die Knechte das Birkenholz hacken,
mit dem man den Ofen der Sauna befeuert.

Beim Saunabad wird in der hölzernen Hütte,
so wie's dem Menschen des Nordens gebührt,
mit Birkenholzzweigen nach uralter Sitte
für das Wohlgefühl der Rücken massiert.

Dort werkelt die Magd mit den Birkenruten.
Doch weil's ihr an dürren Gerten gebricht,
misslingen die, und sie muss sich doch sputen.
Da sitzt sie mit kummervollem Gesicht.

Der alte Ingmar, der sieht ihre Pein.
Um neue Birkenreiser zu holen,
jenseits des Feldes im Birkenhain,
macht er sich auf, ganz heimlich verstohlen.

Ein plötzlicher Schneesturm den Sinn ihm verwirrt.
Verzweifelt suchet den Heimweg der Greis.
Im Hochtannenwald hat er bald sich verirrt.
Es dunkelt; er schlurft nur noch mühsam im Kreis.

Schon ahnt er das Ende der irdischen Fahrt.
Ein prunkvoll' Begräbnis erscheint ihm im Geist.
Im Festsaal sieht er sich aufgebahrt,
wo das ganze Kirchspiel ihm Ehre erweist.

Dann wird man ihn unter Glockengeläute
in einem Sarg, der mit Silber beschlagen,
unterm Geleite der vornehmsten Leute
an einem Sonntag zu Grabe tragen.

Und Todessehnsucht erfasst seine Seele.
Und dennoch beginnt er von Neuem den Lauf.
Da gleitet sein Fuß. – Im Gehölz eine Höhle,
sie fängt den Erschöpften, den Strauchelnden auf.

Dem Tod des Erfrierens scheint er entgangen.
Doch, o Schreck – es droht eine ärgre Gefahr,
weil die Höhle, die wärmend ihn aufgefangen,
von einem Bären bewohnet war.

Mag der Bär mich fressen, so denkt er bedrückt,
und hat mit dem Leben schon abgeschlossen.
Doch der Bär ganz friedlich zur Seite nur rückt,
Platz schaffend für den Höhlengenossen.

Als man am Abend den Alten vermisst,
beschleicht die Bewohner ein sorgenvoll Bangen.
Alles Rufen und Suchen vergeblich nur ist.
Keiner weiß oder ahnt, wo er hingegangen.

Am Weihnachtstag vor dem Morgengrauen,
da halten am Hofe sich alle bereit,
nach Ingmar Ingmarson auszuschauen. –
dass ein Bibelwort sie auf dem Wege geleit',

liest die Mutter: vom Mann, der bei Jericho
den Räubern verfiel, der bedecket mit Wunden,
und der, obwohl ihn der Tod schon bedroh',
zum Schluss einen gnädigen Retter gefunden.

Da plötzlich, noch kurz vor des Tages Helle,
als alles sich schon zum Aufbruch erhebt,
steht Ingmar, der Greis, auf der Stubenschwelle.
Die Nacht in der Höhle hat er überlebt.

Nachdem man vom Alten den Hergang erfahren,
die Männer sich rasch auf die Jagd jetzt begeben.
Es ist Tradition schon seit hunderten Jahren:
Ein Bär im Revier, der darf niemals leben.

Die Hausmutter, über die Bibel gebeugt,
ihr Herz wird ihr schwer, beklommen und bang,
als sie, wie durch Zufall, die Stelle eräugt,
wo den Frieden verkündet der Engelgesang.

Der Sohn kam zurück von der Bärenjagd
mit Unheil verheißendem lichtscheuem Blick.
Noch ehe die Mutter es angstvoll erfragt,
spricht weinend er von des Vaters Geschick.

„Der Bär, als im Hag wir ihn aufgeschreckt,
lief zum Vater hin ohne Aufenthalt;
hat mit *einem* Schlag ihn zu Boden gestreckt.
Darauf verschwand er im Hochtannenwald."

Von Generation zu Generation
– war auch das Leben oft mühsam und hart –
hat das stolze Geschlecht Ingmar Ingmarson
vor Gott seine Demut dennoch bewahrt.

Zum Pfarrhof hin, noch am selbigen Tage,
wandern Mutter und Sohn, ungeachtet der Kälte,
auf dass man beim Pastor erkläre die Lage
und, wie es der Brauch, das Begräbnis bestellte.

„Wir woll'n keinen Nachruf, kein Glockengeläute,
kein Aufgebahrtsein im Trauerhaus.
Selbst wenn sich darüber auch wundern die Leute,
einen schlichten Sarg, keinen Leichenschmaus.

Wir machten uns schuldig zur Weihnachtszeit.
Und darum haben wir's so entschieden.
Gott fordert mit Recht unsre Bußfertigkeit.
Der Bär, Herr Pastor, der hielt Gottesfrieden."

Von wegen Ruhestand

So mancher denkt, ach ja, die Alten,
die können endlich frei gestalten
ihr Leben. – Nach Berufes Plage,
da kämen für sie Ruhetage.
Solch Ansicht ist oft unbegründet,
wie hier der Kindermund verkündet.
Dem Fritz, der gerne Fußball spielt,
der Vater streng und ernst befiehlt:
„Heut' wird es nichts mit dem Gebolze.
Im Garten da, im Unterholze,
gibt's Arbeit, wie du selbst kannst sehen.
Wenn die getan ist, kannst du gehen."
Voll Wut schuftet der Fritz im Garten.
Die Kickerfreunde müssen warten.
Sie steh'n verwundert vor dem Zaune
und durch die Schar geht ein Geraune:
„Haben denn die nicht, um so was zu machen,
so 'nen Opa für die gröbsten Sachen?"

Im Wandel der Zeit

Der kleine Bub, Dreikäsehoch,
ist voll Bewund'rung für Papa,
denn aus Erfahrung weiß er doch:
Papa ist immer für mich da.
Und stolz erzählt er jedermann:
„Ich hab 'nen Pa, der alles kann."

Bald drauf, so in den Flegeljahren,
strotzt er voll pubertärer Kraft
und glaubt, am Vater zu erfahren,
dass einiges doch mangelhaft.
Und leis' er manchmal zu sich spricht:
„Ganz so toll ist der Alte nicht."

Mit zwanzig denkt der liebe Sohn,
wenn er den Vater so betrachtet,
was ist denn an dem Alten schon?
Als Niete er ihn nun verachtet.
Und oftmals fragt er sich beklommen:
„Wie bin ich bloß an den gekommen?"

Familienvater ist er nun,
und grübelnd er sein Haupt oft wiegt,
denkt, wenn was Schwieriges zu tun:
„Mein Vater hätt' das hingekriegt.
Von ihm ich ja wohl sagen kann:
Das war doch ein gestand'ner Mann."

Er kann's nicht glauben

Der Hannes war im Dorf beliebt,
gutmütig, doch nicht sehr gewitzt.
Weil's immer was zu tun ja gibt,
hat man ihn oft auch ausgenützt.

Den Hannes tat ein jeder jagen,
nur selten hatte er mal Ruh'.
Sein Tag war angefüllt mit Plagen.
Im Dorfe hieß es immerzu:

Hannes, lösch die Lichter aus.
Hannes, bring's Geschirr heraus.
Hannes, geh die Straße kehren.
Hannes, tu die Säcke leeren.
Hannes, geh' die Pferde putzen.
Hol beim Förster mal den Stutzen.
Hannes, bring das Kuhgespann.
Hannes, spann den Wagen an.

Jetzt war der Hannes alt und mager,
und müde waren seine Hände.
Der Pfarrer kam ans Sterbelager,
dass er ein wenig Trost ihm spende.

„Ach, Hannes, ja, wir alle wissen:
Viel Ruhe war dir nicht beschieden;
dein Lebtag hast du schaffen müssen.
Bald hast du, Hannes, deinen Frieden."

„Herr Pastor, nein, das glaub' ich nicht.
Wenn ich dort oben eingetroffen,
dann heißt es gleich, tu deine Pflicht,
hier wird nicht faul herumgeloffen.

Denn Petrus hat in all den Jahren
bestimmt durchs Fernrohr schon gesehen,
wie man mit mir hier konnt' verfahren,
Drum wird's im Himmel weitergehen:

Hannes, blas die Sonne aus.
Hannes, häng den Mond heraus.
Hannes, geh' die Milchstraß' kehren.
Füttre dann den großen Bären.
Hannes, geh die Sterne putzen,
dem kleinen Bär die Nägel stutzen.
Hannes, schieb' die Wolken an.
Hannes, hol die Regenkann'."

In Trübsinn Hannes dann versinkt
und tut die Augen senken.
Skurril ein jedes Wort zwar klingt,
und dennoch gilt es zu bedenken:

Gutmüt'gen Sinn missbrauchet nicht,
uns diese kleine Story lehrt.
Die Hoffnung und die Zuversicht
sind sonst auf Erden bald zerstört.

Der Hahn auf der Kirchturmspitze
Matth. 26,34

Was soll der Hahn auf des Kirchturms Haube?
Ob man damit wohl den Schöpfer preist?
Ging das nicht besser mit einer Taube
als ein Symbol für den Heiligen Geist?

Doch wenn wir den Blick nach oben lenken
und fragen uns, was der Hahn da soll,
dann kommen mitunter doch auch Bedenken,
ob der Hahn nicht auch sei ein gutes Symbol.

Erinnert er doch an des Petrus' Versagen,
der dem Herrn lautstark die Treue versprochen,
und der kurz darauf mit Zittern und Zagen
ganz kleinlaut dieses Versprechen gebrochen.

Und dennoch hat es sich so ereignet,
dass dieser Apostel für alle Zeiten
– obwohl er ja doch den Herrn hat verleugnet –
den Anspruch erhob, die Kirche zu leiten.

So mahnt uns der Hahn auf des Kirchturms Spitze,
dass die Kirche sich nicht allzu sicher sei,
als ob sie den Heiligen Geist fest besitze
so wie Petrus es glaubte vorm Hahnenschrei.

Drum prüfe die Kirche sich ständig aufs Neue
– der Hahn auf dem Dache erinnert daran –,
ob sie wohl dem Herrn noch verbunden in Treue
und ihn nicht verleugnet, wie es Petrus getan.

Unter falschem Verdacht

Die Bewohner von Nassau, ganz unberechtigt,
werden ja gern des Schmarotzens verdächtigt.
Wenn jemand auf anderer Kosten frisst,
dann sagt man, dass er ein Nassauer ist.
Auch als Verbum verwendet man dieses Wort.
Er nassauert, sagt man, wenn einer schnorrt.
Ein Blick in Historie aber belehrt:
Die Nassauer, die waren ehrenwert.
Im Gegenteil, die parasitären Sünder,
das waren ganz andere Landeskinder.
In Göttingen gab's für nassau'sche Studenten
'nen Freitisch, den ihnen ihr Herzog tat spenden.
Jedoch auch Studiosi aus anderen Landen
am Futtertrog Nassaus Gefallen oft fanden.
Um zu partizipieren am fremden Schmaus,
gab man sich einfach als Nassauer aus.
Komm' mit, denn das Nassauern, das tut sich lohnen,
sprach man augenzwinkernd zum Kommilitonen.
So kam das nassauische Herzogtum
zu dem zweifellos gar nicht erbetenen Ruhm,
den guten Namen nun herzugeben
für die, die auf anderer Kosten leben.

Grausamkeit in Grün

Zwischen Blättern und Halmen versteckt,
unbeweglich und gut kaschiert,
lauert ein unscheinbares Insekt,
das sich, so scheint's, ganz friedlich geriert.

Religiosa Mantis genannt,
was man wohl übersetzen kann,
es sei mit einem Propheten verwandt.
Auch seine Haltung deutet dies an.

Würdevoll aufrecht, wie im Gebet,
zwei Beine zum Himmel erhoben,
als tät es die himmlische Majestät
pflichtbewusst permanent loben.

Und darum ist es auch hier zu Land'
ob der seltsamen Attitüden
als Gottesanbeterin bekannt;
es kommt aus dem wärmeren Süden.

Das Tier, das sich so frömmelnd gebärdet,
plant Böses in seinem Sinn.
Kommt man ihm zu nah, ist man gefährdet,
bei dieser Gottesanbeterin.

Sobald sie als opportun es erkennt,
im geeigneten Augenblicke,
dann schlägt sie zu, und im gleichen Moment
zerreißt sie die Beute in Stücke.

Sie ist brutal, sogar kannibal.
Denn um ihr Ziel zu erreichen,
schont diese Beterin nicht einmal
das Leben von ihresgleichen.

Ja, grausam ist es und voll Hinterlist,
obgleich es wohl harmlos scheint, dieses Insekt.
Doch hinter der frommen Gebärde, da ist
nun wirklich der Teufel versteckt.

Es ist uns Menschen jedoch untersagt,
mit unserem Maßstab zu messen.
Ein Tier, das zum Überleben nur jagt,
ist instinktiv auf Beute versessen.

Aber der Mensch, der in Anspruch nimmt,
im Dienste Gottes zu stehen
und sich wie das grüne Insekt benimmt,
den muss man als Heuchler ansehen.

Zum Geburtstag

Ganz gleich, ob es uns delektiert,
alljährlich wird hinzu addiert,
ein Jahr auf unsrer Lebensleiter.
Mal sorgenvoll und oftmals heiter
erklettern wir da Spross' um Sprosse
und sind als muntrer Zeitgenosse,
bemüht, eh unser Licht verglommen,
mit Anstand oben anzukommen.
Zum Weiterklettern wünschen wir
dir ... Mut und viel Pläsier.

Oh, diese Politiker

Mit doppeltem Boden

Ein Politiker starb, und das war sein Glück,
denn bei Grabreden war nun zu hören,
dass wir mit dem Mann für die Republik
einen edelen Menschen verlören.

Zur Zeit, als aktiv er im Parlament,
musste man andere Töne vernehmen.
Da hat man kein gutes Wort ihm gegönnt.
Das Land müsse sich seiner wirklich schämen.

Die Gegner von den andren Parteien,
die warfen ihm kläglich's Versagen vor.
Ein Scharlatan sei er, so hörte man schreien,
ein Lügner, so klang's unisono im Chor.

Ob's um Steuern ging, um soziale Fragen,
um inn're und äußere Sicherheit,
man müsse die Zukunft des Landes beklagen,
wenn er nicht zum Abtreten sei bereit.

Nun hat die Politbühne er verlassen,
und die gleichen Leute, man höre und seh',
Krokodilstränen weinend, es ist nicht zu fassen,
sie loben ihn über den grünen Klee.

Unersetzlich sei er, ein herber Verlust,
für das Land, dem er treu und redlich gedienet.
Ja, hat das denn vorher niemand gewusst,
dass dieser Mann so viel Lob verdienet?

Da fragt sich der deutsche Michel beklommen,
– er kann den Kontrast ja nicht übersehen –
wieso sind die jetzt erst darauf gekommen?
Ist da vielleicht ein Irrtum geschehen?

„De mortuis nil nisi bene", das sei
gewiss eines anständ'gen Menschen Bestreben.
Doch zwischen Anstand und Heuchelei
sollt's eigentlich doch einen Unterschied geben.

War's am Grab oder war es im Parlament,
wo die Wahrheit man tat verbiegen?
Vielleicht man aber auch sagen könnt',
dass Politiker *immer* lügen.

Hättste man bloß

Es war im Jahr zweitausendundfünfzig,
da kam ein Dekret vom Magistrat,
dass die Kirche von jetzt ab und zukünftig
das Läuten der Glocken zu lassen hat.

Ganz abgeseh'n von dem Lärmgetön'
verletze das Glockengeläute,
wie ja doch unschwer einzuseh'n,
religiöse Gefühle anderer Leute.

Vom Zentralrat der Moslems war gekommen die
Klage,
dass das Läuten der Glocken, ob früh oder spät,
störe erheblich, wenn fünfmal am Tage
der Muezzin aufruft zum Pflichtgebet.

Den Michel mit der Zipfelmütze*
ergreift daraufhin ein großer Frust.
Ja, hätte im Kopf er Hirn statt Grütze,
hätt' er, was da kommt, schon früher gewusst.

Alle Warnungen hat er ja ignoriert.
Nun bestimmen andere die Gesetze.
Die Nachbarn ringsum grinsen amüsiert:
Ja, hättste man bloß, hättste.

*steht für „Schlafmütze"

Aha

Auf dass bei der Untat man unerkannt bliebe,
vermummten sich früher die Räuber und Diebe.
Im Ganovenjargon wurden, wie ja bekannt,
Polizisten von ihnen nur „Bullen" genannt.
Im Nachkriegsdeutschland, in den sechziger Jahren,
hat die Unterwelt dann Sympathie erfahren.
Was bislang wir bei Dieben und Räubern nur
kannten,
praktizierten nun auch die Berufsdemonstranten.
Auch von ihnen ward nun die Ordnungsmacht
als Feind mit dem Schimpfwort „Bulle" bedacht.
Wie Ganoven, die Böses im Schilde führen,
begannen auch sie, das Gesicht zu kaschieren.
Manche Ähnlichkeit mit Ganovengebräuchen
kann man nun versteh'n als ein deutliches Zeichen,
dass die hehren Ziele, die sie propagieren
und die sie lauthals auf den Straßen skandieren,
dass die wohl doch von dem Bösen nicht ferne,
denn Gleich und Gleich gesellt sich ja gerne.
Wer da genau hinhorcht und hinsieht, versteht
der Berufsdemonstranten Mentalität.

Das hab'n wir nun davon

In Turnschuh'n und Jeans ritten sie vehement
die Philippika gegen Establishment.
Nachdem sie die Jugend verführt und betrogen
– jede Ordnung missachtend und preisend die
Drogen –
haben sie nun in dem Parlament
die Mehrheit und sind selbst Establishment.
Für sie jedenfalls tat sich allemal lohnen
ihr langer Marsch durch die Institutionen.
Was sie früher posaunt, jetzt tun sie drauf pfeifen.
Ihr Outfit sind Markenschuh und Nadelstreifen.
Sie haben die Macht jetzt in unserem Lande,
die Kerle der Achtundsechzigerbande.
Als Politdilettanten, Marcuse-geprägt,
haben sie schleunigst hinweggefegt,
was Generationen vor ihnen mit Fleiß
an Wohlstand geschaffen in Mühe und Schweiß.
Es gelang ihnen in nur ganz wenigen Jahren,
den politischen Karr'n an die Wand zu fahren.
Einst forderten frech sie bei jedem Disput:
Macht kaputt, was euch kaputt machen tut!
Arrogant und bereichert durch fette Diäten,
fordern sie nun von den einstmals Verschmähten,
die aus Trümmern den Staat wieder aufgerichtet,
dass man – bitteschön – auf das Erworb'ne
verzichtet.
Ob Versorgung im Krankheitsfall oder auch Rente,
Im Alter man sich doch wohl einschränken könnte.

Die Kaputtmacher haben es nunmehr geschafft,
dass das Land, das einst strotzte vor Wirtschaftskraft,
auf das ganz Europa bewundernd schaute,
dümpelt in konjunktureller Flaute.
Die Bildung verdammten sie als elitär,
Sachwissen erfuhren die Schüler nicht mehr.
Da wurde aus leerem Bauch diskutiert,
und alle paar Tage auch mal demonstriert.
Ob Wirtschaft, Kultur, ob Gesundheitswesen,
in alledem sind wir mal führend gewesen.
Das liegt nun zurück, in weiter Ferne.
Jetzt tragen wir da die rote Laterne.
Gesellschaftsveränd'rung strebten sie an.
Sie haben's erreicht, und wir leiden daran.
Und was manchen Deutschen besonders quält:
Wir haben die Kerle ja selber gewählt.

Blinde Dame – Justitia ihr Name

Zu Köln am Rhein, da lebt ein Mann,
„Kalif der Domstadt" man ihn heißt.
Gar üble Ziele strebt er an,
die nennt er offen auch und dreist.

Demokratie, erklärt er dir,
wird abgeschafft in diesem Lande.
Sie sei ja doch ein Krebsgeschwür
für die Gesellschaft und 'ne Schande.

Ich mache aus der Republik,
tönt er, 'nen Islamistenstaat.
Dann gilt hier zu des Volkes Glück
nur die Sharia und Djihad.

So sei's bei ihm in der Moschee
schon längst beschlossen worden.
Und wer dem dann entgegensteh',
den solle man ermorden.

Wenn einer, der zu Allahs Ehre
des Staates Umsturz propagiert,
sein Gastrecht er wohl hier verlöre.
Doch die Justiz hat's nicht kapiert.

Und ganz bestimmt ist kriminell
– mit Strafgesetz lässt's sich beweisen –
Aufruf zum Mord. Solch ein Appell
genügt doch, jemand auszuweisen.

Doch falsch verstand'ne Toleranz
gewährt dem Mann hier Bleiberechte,
weil Frau Justitias Eiertanz
dem armen Kerl nicht schaden möchte.

Im Ausland droh ihm Unbehagen,
weil er auch dort straffällig sei.
Der Richter wollt' ihm an den Kragen,
in seinem Heimatland Türkei.

Da fragt der Bürger sich dann bloß:
„Wenn bei Gericht nur Nieten sitzen,
wie wird man die Ganoven los,
die schamlos unser Recht ausnützen?

Ach, die Justiz", klagt er betroffen,
„hat uns um Sicherheit gebracht.
Ganoven – da bleibt nur zu hoffen,
dass einer sich mal totgelacht."

So, wie man sät ...

Jetzt hört man aus Berlin die Klage,
es mangle an Konsumnachfrage.
Da stöhnen die Politattrappen:
Mit Konjunktur könnt' es nicht klappen,
weil man zu wenig konsumiere,
das Geld stattdessen deponiere.
Zurzeit hätten in Deutschland nur
die Sparbücher Hochkonjunktur.
Und darum seien halt die Leute
selbst schuld an unsrer Wirtschaftspleite.
Nanu – wundert der Bürger sich,
ist ihm doch noch erinnerlich,
wie die, als sie noch nicht regierten,
privaten Kauf diskriminierten.
Stets, wenn's an Sachkenntnissen fehlt,
dann werden Schlagworte gewählt.
So warfen sie dem Bürger vor,
sein Kaufen sei Konsumterror.
Ein wohl sortiertes Warenhaus,
das übe doch nur Kaufzwang aus. –
Ideologen nie kapieren,
wodurch die Wirtschaft kann florieren.
Nun trauern sie mit Weh und Ach
vergangnem Wirtschaftswunder nach
und greifen nach bewährter Masche
dem Bürger vielfach in die Tasche.
Der hält, so gut es geht, nun fest
den spärlichen Monetenrest.

Und er tut wohl auch gut daran,
weil er dem Pack nicht trauen kann,
das aufrief zum Konsumverzicht,
und nun die Besserung verspricht,
falls er sein hart verdientes Geld
dem Konsum zur Verfügung stellt.

Mit Schlagworten hat's angefangen.
Die Saat ist leider aufgegangen.

Im Frühjahr 2004

Limericks

Was Politikern früher als Pflichten oblag,
heutzutage keiner zu leisten vermag.
Wenn es gilt zu regieren
statt zu schwadronieren,
dann schließt man halt einen Beratervertrag.

***

Mit strahlendem Lächeln und selbstbewusst,
so kommt er daher mit geschwellter Brust.
Er ist telegen,
was ein jeder kann seh'n.
Doch ihn wieder zu wählen, verspürt niemand Lust.

***

Wenn in Berlin der Bundestag tagt,
dann wird dort stundenlang sauergequakt.
Nichts tut sich erneuern,
wieder rauf mit den Steuern!
Vor der Wahl haben sie ganz was andres gesagt.

***

Im Bundestag hört man meistens Geschrei.
Und viel Infames ist auch mit dabei.
Man übt sich im Schimpfen
und im Verunglimpfen.
Ist so etwas eigentlich jugendfrei?

***

Wer Polizisten mit Steinen beschmeißt,
der Staatsraison keine Achtung erweist,
kann in Volksgunst sich aalen
und gewinnt bei den Wahlen.
Zeugt so etwas von demokratischem Geist?

***

Unausgeschlafen, mit müdem Gesicht,
sich selbst bejammernd ein Mensch morgens spricht:
Hab die ganze Nacht
kein Auge zugemacht.
Klar – offenen Auges schläft man auch nicht.

***

Der Marsexpress zieht nach langer Reise
um den Planeten elliptische Kreise.
Den Beagle zu sichten,
gelingt ihm mitnichten.
Drum funkt er zur Erde: Verdammte Scheiße!

***

Die Marsfrau sagt ängstlich zum Marsmann:
„Nun schau dir doch bloß mal das Ding an.
Das Ding, das sagt ‚piep‘,
und fragt dann ganz lieb:
‚Wo geht es denn hier zu der Eisbahn?‘"

***

Wer pflegt gern der Ruhe im Nest da?
Es ist Opa bei seiner Siesta.
Statt dass die Enkel stille,
wie es Opas Wille,
geht es zu wie bei einer Fiesta.

**

Ein Mensch tat mal den Mut beweisen,
'nen Film zu tadeln statt zu preisen.
Da hörte er sagen:
„Wie kannst du es wagen?
Der Autor zählt doch zu erlauchten Kreisen."

Gedanken eines nicht angepassten Hundes
namens Asko über die Menschen

Diese Gedichte entstanden – zumindest im Rohbau –
bei Spaziergängen mit Asko

Asko über die Sprachen-Verfälscher

Ui, was wohl die Leute dächten,
täten wir in das Wauwau
Kikerikiki einflechten,
und vielleicht sogar Miau?
Täten wir wie Löwen brüllen,
oder schreien wie die Affen,
Bellen mit Kuckuck anfüllen.
Oh, sie würden ganz schön gaffen
und klug wissend alsbald sagen:
So was darf ja doch nicht sein.
Die sind aus der Art geschlagen,
darum greifen wir jetzt ein.

Leute, macht euch keine Sorgen,
dürft auf die Natur vertrauen.
Wir tun niemals Fremdes borgen
und die Sprache uns versauen.

Doch *ihr* geht, es ist zum Wimmern,
sorglos mit der Sprache um,
lasst das hehre Gut verkümmern.
Das beweist, ihr seid saudumm.

Eine Sprache voller Leben
ward euch durch des Schicksals Gunst,
doch ihr habt in tumbem Streben
das Geschenk total verhunzt.

Ach, wie traurig es doch wär',
wenn die Meiers oder Schmidts
kriegten keine Kinder mehr,
denn es gibt ja nur noch *Kids*.

Und die können hier auf Erden
nicht einmal, dank eures Spleens,
nette Backfische einst werden,
macht man doch aus ihnen *Teens*.

Und der *Trip* geht munter weiter.
Voller *Speed* und voll *Highlife*
wird *getimed* die Lebensleiter,
bis zum *Oldie* ihr seid reif.

Outen tut sich, wer will sagen,
was er ist und wer er sei.
Hearing nennt man das Befragen,
und statt fröhlich ist man *high*.

Fan man jetzt den Sportsfreund nennt,
und ein Wettkampf wird zum *Fight*.
Super, protzt man, so'n *Event*
ist doch wahrlich ein *Highlight*.

Seinem *Boss* tischt mancher Schlingel
eine Lügen-*Story* auf.
Er hätt' *Pep* und sei ein *Single*
und viel *Power* hätt' er drauf.

Mörder heißt man nunmehr *Killer,*
Jogging nennt man jetzt den Lauf.
Spannungsfilm ward längst zum *Thriller,*
Shopping sagt, wer geht zum Kauf.

Wen man nicht zur *Upperclass*
rechnet, ist ein *Underdog.*
Wer beim Volk will gelten was,
quatscht sich aus im *Promitalk.*

Anseh'n will nichts mehr besagen,
Image nur ist heute *in.*
Man muss sich mit *Action* plagen,
dann erst bringt die *Show* Gewinn.

Früher sprach man von der Werkstatt,
heut' muss es ein *Workshop* sein.
Keiner ruht mehr, wenn er matt,
ihm fällt nur *Relaxing* ein.

Ja, ich könnt' noch vieles nennen,
doch ich denk', das reicht auch schon.
Solch ein Sprachgewirr, das kennen
wir bereits aus Babylon.

Sich einander zu verstehen,
dienen Sprachen, doch sie sind
noch viel mehr, man kann draus sehen,
wessen Geist's ein Menschenkind.

Verfälscht der Mensch sich seine Sprache
und macht daraus 'nen Unkrautgarten,
so ist das keine Nebensache.
Zeichen sind's für sein Entarten.

Ein Blick in die Geschichte lehrt,
wie man ein Volk entwurzeln kann,
wenn es sich nicht dagegen wehrt.
Bei seiner Sprache fängt es an.

Asko über die Quotenspinner

Aus einem Hundeparlament
drang neulich merkwürdige Kunde.
Als ich's erfuhr, „Potz Element",
dacht' ich, „es gibt doch blöde Hunde."
Dort kam der Vorschlag zu Gehör,
dass künftig auch bei Hunderennen
im Zug der Zeit es richtig wär',
dass Dackel auch mitlaufen können.
Sie müssten zahlenmäßig dort
den andren gleichberechtigt sein.
Dafür gäb' es ein Zauberwort:
Wir führ'n 'ne Quotenreglung ein.
Da Dackel kluge Tiere sind,
erhoben sie die Pfoten
und riefen laut: „Ihr Schwätzer spinnt,
wir brauchen keine Quoten.
Wir wissen selber, was wir können,
und wollen keine Hintertüren.
Zur Teilnahme an Hunderennen
kann uns die Quote nicht verführen.
Soll'n künftig denn vielleicht Afghanen
wie wir des Wildes Spur erriechen
und bäuchlings sich die Wege bahnen,
um in den Fuchsbau reinzukriechen?
Es ist doch jedem vorbehalten,
mit Können, Ehrgeiz und mit Fleiß
sein Dasein selbst sich zu gestalten,
jedoch nicht zu 'nem faulen Preis.
Nein, dreimal nein, wir Hunde sind
vernünftig doch, und nicht Idioten.

Drum sage ich dir, Menschenkind,
die Quoten, die gehör'n verboten.
Was Gleichberechtigung ihr nennt,
wird nicht erreicht mit Quotenspiel,
denn die Berechnung in Prozent
führt wahrlich nicht zu diesem Ziel.
Die Quotengleichberechtigung
ist für 'ne selbstbewusste Frau
ja fast eine Beleidigung,
weiß sie von sich doch ganz genau,
dass sie es nicht verdankt den Quoten,
wenn sie in der Bewerberschar
einstmals erhielt die bessren Noten.
Es kam so, weil sie besser war.
Der Schwächling nur greift gern nach Tricks,
will er auch mal erfolgreich sein,
dann beispielsweise fällt ihm nix
Bessres als die Quote ein.
Drum sei's den Könnern völlig schnorz,
wenn in Parteien und Verbänden
die Leute schielen nach Proporz:
Sie werden sich dagegen wenden.
Zumeist betrifft es zwar die Frauen,
denen die Quoten man gewährt.
Doch Männer auch begierig schauen,
dass ihnen solches widerfährt.
Da werden dann je nach Couleur
Posten verteilt nach den Prozenten.
Da holt man manchen Dummkopf her,
den sie doch gut entbehren könnten.
Woll'n wir die Regelung nach Quoten
doch einmal auf die Spitze treiben,
so mancher dann von euch Idioten

würd' sich ganz schön die Augen reiben,
wenn ihm zur Gleichberechtigung
partout nichts Bessres fället ein,
als müsst durch Quotenregelung
anteilig alles pari sein.
Es gibt da in der Konsequenz
ja doch noch manches Defizit.
Folgt ihr des Weitren diesen Trends,
hätt' ich für euch 'nen tollen Hit.
In den Justizvollzugsanstalten
sind doch die Männer dominant;
Soll'n sie die Mehrheit dort behalten?
Genaue Zahlen sind bekannt:
Siebenundneunzig contra drei (!).
Männer-Insassen überwiegen.
Ist das euch Leuten einerlei,
wollt ihr euch wirklich darein fügen,
dass solche Ungleichheit grassiert?
Da gibt es doch was nachzuholen.
Mit Quoten wär' das nicht passiert.

Das sagt ein Hund euch unverhohlen.

Asko über die Verkehrs-Rowdies

Als ich unlängst mal 'ne Debatte
mit einem Artgenossen hatte,
da hat man auf uns eingedroschen
und brüllte: „Haltet eure Goschen!"
Ich gebe zu, es klang recht laut,
doch dass man uns deswegen haut,
das finde ich unangenehm,
und heuchlerisch noch außerdem.
Denn wenn zwei Hunde mal parlieren,
dann müssen sie artikulieren,
in ihrer Sprache laut und grell,
und das ist halt mal das Gebell.
Und was euch Menschen schlimm erscheint,
ist bei uns oft nicht bös gemeint.
Zudem muss ich euch einmal fragen:
„Tut ihr euch denn stets gut vertragen?"
Betrachtet nur – ich bitt' euch sehr –
mal euren Umgang im Verkehr,
wie sich die Leute da anschreien
und meinen, dass allein *sie* seien
im Recht. Doch die Erfahrung lehrt:
Der größte Schreier fuhr verkehrt.
Selbst, wenn mal Grund zum Unmut sei –
wer fährt denn schon stets fehlerfrei (!)?
Doch schlimmer noch, oft ist's die Regel,
dass irgend so ein Straßenflegel
mit Fleiß die anderen gefährdet
und sich sogar noch frech gebärdet,
und zeigt zudem ganz ordinär
auch seinen Stinkefinger her.
Und sehr oft kommt es noch dabei

zu einer bösen Schlägerei.
Die Autotür reißt man dann auf,
schlägt einfach auf den Fahrer drauf.
Schau, Mensch, doch mal uns Hunde an,
wir beißen niemals so spontan.
Ein Hund verhält sich da sehr fair.
Erst wird geknurrt, so warnet er
den Widersacher, der vielleicht
ganz friedlich dann von dannen schleicht.
Und falls man wirklich sich bekriegt,
und einer von uns ist besiegt,
dann lassen wir das Beißen sein.
Besiegte beißen, wär' gemein.
Ihr Menschen kennt oft kein Erbarmen,
schlagt selbst am Boden noch den Armen.
Zwar gibt es hier und da auch heute
in unserm Land noch solche Leute,
die dieses finden „hundsgemein".
Mir scheint's eh'r „menschsgemein" zu sein.

Asko über die Radfahrer

Ob ihr's glaubet oder nicht,
es ist doch tatsächlich geschehen.
Hab neulich abends ich mit Licht
'nen Radler auf der Gass' gesehen.
Das hat mich doch gewundert sehr,
denn in den letzten Jahren
sah ich des Abends im Verkehr
nur Dunkelmänner fahren.
Das Unikum schien mir bedenklich;
in Deutschland tut man so was nicht.
Der Radler war wohl etwas kränklich
und traute sich nicht ohne Licht.
Doch Herrchen meint: „Nein, nein – mitnichten,
auch andere ja gut dran täten,
sich nach den Vorschriften zu richten.
Doch leider sind das Raritäten."

Einst war ich auf dem Trottoir,
wo ich mit Herrchen brav spazierte,
in einer übelen Gefahr,
obwohl man an der Lein' mich führte.
Da kam wie'n Irrer angebraust,
so einer von den Pedaleuren,
und hat mich beinah umgesaust.
Ich war in Angst, das kann ich schwören.
Mein Herrchen tat die Nase rümpfen,
als er die Freveltat gesehen.
Der Kerl fing auch noch an zu schimpfen:
„Könnt ihr nicht aus dem Wege geh'n?"

Ja, ja, so ist's bei manchen Leuten.
Ein Hund, der wäre nie so schlecht.
Doch Menschen haben Schwierigkeiten
zu richten sich nach dem, was recht.

Zwei junge Radler sah ich neulich,
die klönten fröhlich miteinander.
Das wär' allein ja nicht abscheulich,
doch fuhren sie nebeneinander
statt hinternand sich zu bewegen,
da sonst die Straße wird zu schmal.
Gefahr droht, kommt da was entgegen,
doch denen war das scheißegal.

Ich dacht' bei mir, ist das denn Mode,
dass Radler fahr'n, wie es beliebt?
Doch Herrchen sagt: „Das ist Methode,
der Beispiele genug es gibt.
In Deutschland, weißt du, muss man heute
das Recht 'ne Zeit lang ignorieren.
Bald finden sich genügend Leute,
die das als Recht dann deklarieren.
Fährst beispielsweise auf den Wegen,
die man als Einbahn hat erklärt,
genügend lang dem Pfeil entgegen,
dann ist das keineswegs verkehrt.
Im Gegenteil, für solche Gassen
bemüh'n die Blödel sich dann eilig,
das Recht dem Zeitgeist anzupassen.
Denn denen ist ja nichts mehr heilig."

Drum, die ihr an Gesetze glaubet,
einst merkt ihr, dieses gilt ja nicht.
Bald wird auch per Gesetz erlaubet,
auf Gehsteig fahr'n und ohne Licht.

Ich bin ja nur ein armer Hund,
doch macht mir solches argen Kummer.
Da geht im Kopf mir etwas rund:
Ich hätt' da auch 'ne neue Nummer.
Tät ich zum Beispiel permanent
Politclowns in den Hintern zwicken,
das würd' vielleicht Gesetz und könnt'
das Volk doch endlich mal beglücken.

Asko über die Nimmersatten

Als ich mit meinem Herrchen neulich
mal in der Stadt gewesen bin,
gab es Gedränge, ganz abscheulich.
Da will ich gar nicht wieder hin.
Doch fiel mir dabei etwas auf,
als ich die Leute anvisierte.
Gesichter gab es ja zuhauf,
Freude jedoch ich nicht verspürte.
Die Leute sahen grad so aus,
als ob ganz schrecklich alles sei,
als kröche ständig eine Laus
über die Leber-Innerei.
Da dachte ich als schlichter Hund:
Es ist kurios in diesem Volke.
Es gibt doch wahrlich keinen Grund
zu schau'n wie 'ne Gewitterwolke.
Jahrzehntelang schon herrscht hier Frieden,
und hungern muss hier keiner mehr.
Genießt doch, was euch ward beschieden,
seid dankbar, jammert nicht so sehr.
Euch geht's doch wahrlich nicht so misslich,
und manches Glück ward euch hienieden,
und dennoch blickt ihr so verdrießlich.
Die meisten sind stets unzufrieden.
Natürlich kann in jedem Leben
nicht immer eitel Freude sein.
Wo Licht ist, wird's auch Schatten geben.
Missachtet nicht den Sonnenschein.

Ich hab darüber nachgedacht,
was Grund für euer Stänkern wäre,
und was ich da herausgebracht,
gereicht euch wahrlich nicht zur Ehre.
Richtet doch euren scheelen Blick
mal in die vielen Niederungen.
Da seht ihr Armut, Missgeschick
und Menschen, die vom Leid bezwungen.
Doch die schau'n nicht so sauer drein,
genießen ihre kleinen Freuden.
Sie könnten unzufrieden sein,
doch nein – sie tun sich halt bescheiden.
Ihr aber tragt die Nase hoch,
um stets nach oben nur zu sehen.
Na klar, da find't man manchen noch,
dem es viel besser scheint zu gehen.
Der Weise weiß seit alter Zeit,
– ihr aber habt es wohl vergessen –,
dass niemals zur Zufriedenheit
gelanget, wer vom Neid zerfressen.
Bei euch ward Neid schon zum Prinzip,
verdüstert eure Mienen.
Zum Beispiel gelten schon als Dieb
die, die ein wenig mehr verdienen.
In euren Schädel geht nicht rein:
Es gibt kein Leben ohne Last,
auch wenn vielleicht im äuß'ren Schein
der andren Schwierigkeit verblasst.

Und ohne Schwierigkeit, ihr Leute,
wird nie und nimmer Leben sein.
Da lob' ich mir die Hundemeute,
das ist ein glücklicher Verein.

Da lässt man nicht – wie bei euch üblich –
beschwatzen sich von andrer Seite:
Es sei doch alles sooo betrüblich.

Denkt mal darüber nach, ihr Leute.

Asko über die Rechtsver(treter)dreher

Ich bin ein armer Hund, fürwahr,
und fragt ihr mich, warum?
Ich würd's wohl kaum euch machen klar,
denn viele sind dazu zu dumm.
Ich fürcht', sie werden's kaum verstehen,
denn häufig schließen sie die Augen
für das, was man kann deutlich sehen.
Was soll da guter Rat noch taugen?
Und dennoch scheint's mir angebracht,
euch offen mal zu sagen,
was mir hier so zu schaffen macht
und was zur Zeit ich muss beklagen.

So darf – mit Recht – mein Exkrement
die Straßen nicht beschmieren.
Doch andre dürfen Tür und Wänd'
mit ihrem Schmutz verzieren.
So sieht man klar in diesem Falle,
wo hier zu Land' die Heuchler sind.
Gesetze gelten nicht für alle.
Justitia ist einäugig blind.

Wo es sollt' schön und grüne sein,
da merkt man allzu balde:
Es macht so manch menschliches Schwein
daraus 'ne schmutz'ge Halde.
Riech' ich daran nach Hundeart,
wenn wir vorbei dort wandern,
schimpft Herrchen: „Pfui!" Das trifft mich hart,
das Schwein sind doch die anderen.

Ging ich in eine Metzgerei,
um eine Wurst zu mopsen,
und tät dann fröhlich – eins zwei drei –
damit von dannen hopsen,
man würd' bestimmt mich arg verhauen,
um diese Tat zu rächen.
Ja, ja, so'n Hund, der darf nicht klauen,
und Herrchen müsste sogar blechen.
Dabei sagt' kürzlich ein Minister,
– und der ist schließlich kompetent –
dass man so was ins Strafregister
auf keinen Fall eintragen könnt'.
Man sollt' sich doch nicht echauffieren,
so was sei schließlich ganz normal.
Man dürfte kriminalisieren
den Ladendieb auf keinen Fall.
Mir armen Hund ist klar geworden,
wo sich die Heuchler treiben rum.
Man findet sie an allen Orten,
sogar im Ministerium.

Und würd' ich jemanden mal beißen,
dann sperrte man bestimmt mich ein.
„Du böser Hund, was soll das heißen?
Gewalttätig darfst du nicht sein."
Dabei wird täglich auf den Gassen
Gewalt verübt. – Wenn Polizei
den Täter dann mal kriegt zu fassen,
lässt ihn der Richter wieder frei.
So sieht man auch in diesem Falle,
wo hier zu Land' die Heuchler sind.
Gesetze gelten nicht für alle.
Justitia ist einäugig blind.

Und ganz besonders ficht mich an,
dass man mich an die Leine nimmt
und ich nicht frei rumtoben kann,
denn das Gesetz es so bestimmt.
Ihr Leute, merket ihr denn nicht,
wie ihr euch häufig widersprecht?
Denn zu des Hundehalters Pflicht
gehört die Haltung „artgerecht".
Und artgerecht lebt man doch nur,
wenn man sich frei bewegen darf.
Zumindest doch in Wald und Flur.
Ich bin doch friedlich, und nicht scharf.
Mein Herrchen hat das eingesehen.
Auf *die* Gesetze tut er pfeifen.
Drum lässt im Wald er frei mich gehen
und fröhlich durchs Gelände streifen.
Sperrt man ihn mal deswegen ein,
weil das Gesetz er übertreten,
kann er sich doch ein bisschen freu'n,
denn eines ist dann nicht vonnöten:
Er braucht die Zelle nicht zu teilen,
mit echten Gaunern und Ganoven,
denn die Justiz tut sich beeilen,
dass diese bald dem Knast entlofen.
Und es beweist auch der Bereich,
wo hier zu Land' die Heuchler sind,
vor dem Gesetz sind wir nicht gleich.
Justitia ist einäugig blind.

Noch lange könnte ich verbellen,
was hier an Unrecht mich verdrießt,
doch würd' ich nur die Leut' verprellen,
weil man die Augen gern verschließt.

Gegen den Strom, das wär' gefährlich,
man schwimmt halt mit des Zeitgeists Lauf.
So'n armer Hund, der ist da ehrlich,
und reißt schon mal die Schnauze auf.
Er tut sich für den Mensch genieren,
er klagt – jedoch was nützt ihm das?
Er kann ja doch nicht emigrieren.
Wer nimmt so'n Vieh schon ohne Pass?

Inhaltsverzeichnis

Menschliches und Skurriles

Die lieben Tiere

Besinnliches

Oh, diese Politiker

Limericks

Gedanken eines nicht angepassten Hundes namens Asko über die Menschen..............